AF273913

Silencios
que hablan

Ejercicios Espirituales
de san Ignacio

Ediciones Palabra
Madrid

© Manuel Vargas Cano de Santayana, 2024
© Ediciones Palabra, S.A., 2025
   Paseo de la Castellana, 210 – 28046 Madrid (España)
   Telf.: (34) 91 350 77 20 – (34) 91 350 77 39
   www.palabra.es
   palabra@palabra.es

Diseño de cubierta: Equipo editorial
ISBN: 978-84-1368-423-9
Depósito Legal: M-654-2025
Impresión: Gohegraf, S. L.
Printed in Spain – Impreso en España

Manuel Vargas

Silencios que hablan

Ejercicios Espirituales de san Ignacio

Albor

Al P. Luis M.ª Mendizábal S.J.,
maestro espiritual y de los
Ejercicios de san Ignacio.

ÍNDICE

PRÓLOGO

«Yo soy la verdadera vid, y mi Padre es el labrador. A todo sarmiento que no da fruto en mí lo arranca, y a todo el que da fruto lo poda, para que dé más fruto. Yo soy la vid, vosotros, los sarmientos; el que permanece en mí y yo en él, ese da fruto abundante».

(*Jn* 15, 1-5)

«Porque sin mí no podéis hacer nada».

(*Jn* 15, 5)

El sacerdote Rvdo. D. Manuel Vargas Cano de Santayana pone en nuestras manos un hermoso libro de espiritualidad con sólido fundamento y «fuste» para la vida cristiana, ayudando a conocer más, amar e imitar a Jesucristo, al beber en la fuente de la Trinidad Santa y colaborando en la construcción del Reino de Dios hasta la consumación de la Jerusalén del Cielo, parafraseando a san Juan Pablo II.

Un libro de Ejercicios Espirituales (Ej.) siguiendo las huellas de san Ignacio de Loyola. Libro ágil, con profundidad teológica y eclesial, sintiendo con la Iglesia que rezuma alegría cristiana: «La alegría del Evangelio llena el corazón y la vida entera del que se encuentra con Jesús» (Papa Francisco).

«Para y piensa», de este modo tan sugerente y exhortativo comienza el autor la introducción de estas páginas: «Este libro que tienes en tus manos no es un ensayo de crítica social. No es una propuesta política ni una nueva ideología. Es una invitación a despertar, a pararte y a pensar... Voy a pedirte que confíes un poco, que no tengas miedo a plantearte cosas que nunca habías pensado, que te dejes acompañar en esta aventura que empezamos. Vamos allá. Te ha llegado este libro y has comenzado a leer. Con esto muestras tu deseo de conocer a Jesucristo, de quererle, de estar con Él, de profundizar y crecer en tu vida espiritual: ¡enhorabuena!».

Así nos encontramos con trece capítulos que atraen la mirada y el corazón del lector o ejercitante pasando por títulos sugerentes, como «El rumbo», «Meted solo lo imprescindible», «Treinta años a la sombra», «Amor extremo», para terminar con el acontecimiento de la resurrección de Cristo que lleva por título «¡Al Támesis!», y todo ello convencidos de que el amor es posible y podemos ponerlo en práctica porque hemos sido creados a imagen de Dios, que «es amor», y de este modo llevar la luz de

Dios al mundo en este tiempo de la historia que nos ha tocado vivir.

Sabemos y «gustamos internamente» que el cimiento de estos Ejercicios Espirituales es Jesucristo y hemos de dejarle a Él la plena iniciativa. Resulta absolutamente necesario que vivamos con Él (cfr. *Mc* 3, 14), en plena comunión con Él, buscando en todo momento la voluntad de Dios, el querer de Dios, conscientes de que nuestro mundo tiene sed de Dios y de esperanza.

Los Ejercicios Espirituales son un tiempo que Dios nos regala para que nosotros, por nuestra parte, se lo regalemos a Él, con un amor sincero, escuchando su Palabra, custodiados por su silencio, para conocer ante Él la verdad sobre nosotros mismos y conformarnos siempre más a su voluntad. San Ignacio de Loyola afirma que la finalidad de los Ejercicios, de aquellos que los viven, debe ser la de «vencer(se) a sí mismos y ordenar la vida» (Ej. 21) cumpliendo así mejor el fin para el que el hombre ha sido creado, que es «alabar, hacer reverencia y servir a Dios nuestro Señor» (Ej. 23).

Se puede adentrar uno externa e internamente en el silencio. Nos enseña san Juan Pablo II: «Solo la experiencia del silencio y de la oración ofrece el horizonte adecuado, el que puede madurar y desarrollarse el conocimiento más auténtico, fiel y coherente, de aquel misterio que tiene su expresión culminante en la solemne proclamación del evangelista

Juan: "Y el Verbo se hizo carne y habitó entre nosotros, y hemos contemplado su gloria: gloria como el Unigénito del Padre, lleno de gracia y de verdad" (*Jn* 1, 14)» (*Novo Millennio Ineunte,* 20).

Este libro esencial ayuda a:

Cuidar y ordenar la propia vida, pacificarse y aclararse acerca de uno mismo: dónde estoy, qué es lo que quiero y qué quiere Dios de mí. «Cuídate a ti mismo...» (*1 Tm* 4, 6-16). La Trinidad Santa unifica mi corazón y toda mi existencia.

Abrazar, en este momento de mi vida y de mis responsabilidades eclesiales, el camino de las bienaventuranzas evangélicas. Le sigo a Él, el Camino, la Verdad y la Vida.

Aceptar la propia existencia tal como Dios la dispone ahora y, consiguientemente, reconciliarme con ella, reconciliarme con la cruz propia, con las dificultades y los sufrimientos debidos a situaciones de salud, de ambiente, de relación con las personas. Acoger la Cruz, renovando el compromiso gozoso y afectivo para seguir a Jesucristo muerto en la Cruz y Resucitado.

Los Ejercicios Espirituales son un tiempo propicio para hacer algunas elecciones importantes según el plan de Dios, purificando el corazón.

Tomad, Señor, y recibid
toda mi libertad,
mi memoria, mi entendimiento,

y toda mi voluntad,
todo mi haber y mi poseer.
Vos me lo disteis y a Vos,
Señor, lo torno,
todo es vuestro,
disponed de ello conforme
a vuestra divina Voluntad.
Dadme vuestro Amor y Gracia,
que esto me basta (Ej. 234).

Los Ejercicios exigen un esfuerzo serio y perseverante de atención, comprensión, juicio y decisión; un esfuerzo intenso en un clima de oración, con la luz y guía del Espíritu y unas meditaciones, o propuestas, de meditación y discernimiento.

Quien actúa en ellos es el Espíritu Santo, al que nuestro espíritu ha de abrirse con docilidad y libertad con el fin de acoger el amor de Dios que el Espíritu Santo derrama en nuestros corazones (cfr. *Rm* 5, 5). Sin ese amor, los Ejercicios no pueden vivirse. El Espíritu de Jesús es el que contribuye a «buscar y hallar la voluntad de Dios». Quien reza escucha la voz del Espíritu: «Quien reza no tiene miedo; quien reza no está nunca solo; quien reza se salva» (Benedicto XVI, Audiencia 1 julio 2009). Porque es el Espíritu Santo quien nos mueve, nos inspira constantemente y cuestiona nuestra vida. Es el Espíritu de Jesús el que nos sugiere qué podemos mejorar, qué podemos cambiar de nuestra manera de vivir, de comportarnos.

«Para mí, la oración es un impulso del corazón, una sencilla mirada lanzada hacia el cielo, un grito de reconocimiento y de amor tanto en medio de la prueba como en la alegría» (Santa Teresa del Niño Jesús y de la Santa Faz, *Historia de un alma*, ms. C, 25).

«Para que así el que da los ejercicios espirituales, como el que los recibe, más se ayuden y se aprovechen, se ha de presuponer que todo buen cristiano ha de ser más pronto a salvar la proposición del prójimo que a condenarla; y, si no la puede salvar, inquiera cómo la entiende; y, si mal la entiende, corríjale con amor; y, si no basta, busque todos los medios convenientes para que, bien entendiéndola, se salve» (San Ignacio de Loyola, Ej. 22).

Termino felicitando al autor de este fundamental libro citando sus latidos del alma: «La vida tiene un objetivo final, que es llegar al cielo. O sea, vivir felices para siempre. Vivir con Dios, que es quien nos ha creado, nuestro Padre, nuestro mejor amigo, y vivir así durante los años que estemos aquí y aún después de esta vida, en la gloria eterna», y afirma en la última meditación: «Contemplaremos a Jesús resucitado, tal como vive ahora, le acompañaremos y gozaremos sabiendo que permanece presente en nuestro mundo». Muchas gracias por tu buen trabajo, Manuel.

✠ Dios os bendiga, a ti y a todos los que cada día se adentran en el Corazón de Jesucristo.

Excmo. y Rvdmo. D. José María Avendaño Perea,
Obispo Auxiliar de Getafe

INTRODUCCIÓN
Para y piensa

Los emperadores de Roma daban a su pueblo *pan y circo*. Llenaban el estómago de los ciudadanos, los tenían entretenidos y, de esta manera, evitaban revueltas y podían manipularlos fácilmente. Aunque llamaran a filas a los jóvenes para conquistar nuevos territorios, o subieran los impuestos, o derrocharan el dinero público en palacios suntuosos y orgías, la gente sencilla no se paraba mucho a pensar: teniendo comida y diversión, ¿para qué complicarse la vida?

Han pasado muchos siglos desde entonces. Parece que Calígula y Nerón quedan muy lejos, pero las cosas no han cambiado demasiado. Mientras vemos el capítulo de una serie, nos enganchamos con algún videojuego y tomamos cervezas con los amigos, con música muy alta que suena bien, fuera están pasando cosas en las que no pensamos: niños explotados en minas de coltán para que fabriquemos nuestros *smartphones*, jóvenes narcotizados por drogas de toda especie o millones de vidas segadas de niños por nacer. Este libro que tienes en tus manos no es un ensayo de crítica social. No es una propuesta política ni una nueva ideología. Es una invitación a despertar, a pararte a pensar.

Quiero proponerte un plan, una forma de vivir que reforzará tu identidad, dará respuestas a muchas de tus preguntas y te proporcionará una orientación clara. La idea no fue mía: Íñigo de Loyola, un caballero guipuzcoano que vivió entre los siglos XV y XVI, fue quien pasó unos meses dedicado a rezar y reflexionar, y tras esa experiencia en Manresa, nos dejó su método en el libro *Ejercicios Espirituales*. Mi intención es sencillamente proponerte que vivas eso que él nos transmitió y que sigue teniendo actualidad.

Habrá cosas en estas páginas que te suenen. Otras las leerás por primera vez. Puede que algunas te resulten apasionantes y otras te hagan bostezar. No te preocupes: a todos nos ocurre lo mismo. Voy a pedirte que confíes un poco, que no tengas miedo a plantearte cosas que nunca habías pensado, que te dejes acompañar en esta aventura que empezamos.

Vamos allá. Te ha llegado este libro y has comenzado a leer. Con esto muestras tu deseo de conocer a Jesucristo, de quererle, de estar con Él, de profundizar y crecer en tu vida espiritual: ¡enhorabuena! Creo que esto alegra mucho al Señor, porque Él mismo dijo: «Mis delicias son estar con los hijos de los hombres» (*Pr* 8, 31).

Para hacer los Ejercicios, es necesario que, al terminar cada capítulo, te quedes un rato prolongado de oración en silencio. También podrías ir leyendo unos párrafos y después orar, volver a leer y volver a detenerte.

¿Cómo se hace ese rato de oración personal en silencio? Fácil: te quedas *a solas con Dios*. Eso puedes hacerlo en una capilla o —si no tienes alguna cerca— en casa, procurando que sea un sitio sin ruidos y donde puedas centrarte. Si quieres, puedes alternar esta lectura con los textos del Evangelio que te propondré, algunas preguntas que te sugeriré y también otras reflexiones que podrán servirte de ayuda. Empiezas poniéndote «en presencia de Dios», es decir, le dices al Señor algo parecido a esto: «Señor, quiero hablar contigo, quiero estar contigo». Y vas conversando y reflexionando sobre estas cosas en su compañía, de modo que a cada charla puedes añadir un rato de oración en silencio, de entre 20 y 60 minutos, aproximadamente. Esos ratos de oración silenciosa son lo esencial de los Ejercicios, el momento primordial en el que tratas con Dios, que ha querido hacerse nuestro amigo.

Si estos días tienes tiempo suficiente, no solo para leer el libro y para tus ratos de oración, sino incluso para asistir a Misa y para rezar el Rosario, mejor que mejor. Incluso, si alguno puede utilizar este libro para hacer unos días de retiro y acompañar las meditaciones con otras lecturas espirituales después de comer o después de cenar: genial, eso hará que esos días le resulten muy provechosos. Para quienes queráis hacerlo así —retiraros unos días de oración en silencio—, me atrevo a sugeriros que completéis estas meditaciones con la lectura de un libro clásico de espiritualidad, una joya medieval, que se llama *La imitación de Cristo*, de Tomás de Kempis. Imagino que muchos lo tenéis en casa y quienes no lo tengáis lo podréis encontrar en internet fácilmente. También puede serviros leer alguna vida de santos. Si tenéis alguna, sería magnífico utilizarlas e irlas leyendo en los ratos de descanso.

Si estáis ya familiarizados con el libro *Ejercicios Espirituales* de san Ignacio de Loyola, podéis sacarlo de la estantería, desempolvarlo y tenerlo a un lado —junto al Evangelio— como libro de consulta. Procuraré indicar las citas textuales del libro *Ejercicios* con la abreviatura *«Ej.»*, por si queréis leer el texto original o el contexto del mismo. Pero no os preocupéis: para leer estas páginas no hace falta tener otros libros ni haber hecho Ejercicios anteriormente. Rezaré por ti, lector, para que esto te ayude. Y, si te acuerdas, te agradeceré que tú también lo hagas.

1. EL RUMBO
Principio y fundamento, 1.ª parte

San Alberto Hurtado es un santo jesuita reciente. Vivió en la primera mitad del siglo XX en Chile y es conocido por haber fundado el Hogar de Cristo, una excelente obra social y evangelizadora. En una ocasión tenía que tomar un barco para volver desde Nueva York hasta Valparaíso y la vista del puerto y el muelle le inspiraron una reflexión muy interesante. Se preguntaba con qué criterio eligen los viajeros un barco u otro. Había barcos grandes y pequeños veleros, modernos buques de acero y tradicionales embarcaciones de madera, unos de colores vivos y otros más feos... pero lo verdaderamente relevante de cada barco —decía el P. Hurtado— no es su apariencia exterior, sino el destino al que se dirige. Y añadía que ese había de ser el motivo por el que hay que escoger un barco u otro: el destino al que se dirige, el puerto hacia el que navega. Pues bien, al inicio de los Ejercicios, san Ignacio nos sugiere mirar nuestra propia vida como un viaje en barco: ¿a dónde te diriges?, ¿a qué puerto debes llegar?, y ¿cuál es el rumbo que debes escoger para no perderte en el mar?

Comenzamos esta primera meditación, que llamamos tradicionalmente «Principio y fundamento». ¿Por qué la llamamos así? Porque nos habla de cuál es el principio de nuestra vida (es decir, nuestro origen) y también lo que la sostiene (el cimiento que la mantiene en pie). ¿Cuál es nuestro fundamento?, ¿qué permite que la vida tenga solidez?

Leemos en el libro de *Ejercicios:* «El hombre es creado para alabar, hacer reverencia y servir a Dios nuestro Señor y, mediante esto, salvar su alma». Y añade después: «Las otras cosas sobre la faz de la tierra son creadas para el hombre, y para que le ayuden a conseguir su fin»[1].

Vamos a centrarnos en esta reflexión, que da mucha luz sobre la vida. Este párrafo nos ayuda a entender, en primer lugar, que hay una diferencia grande entre el *fin* y objetivo de la vida, respecto a los *medios*, que son herramientas, instrumentos de los que nos podemos servir.

El fin es la meta, el ideal. Los medios son aquello de lo que nos servimos para conseguir este fin. Los medios no tienen valor absoluto, sino instrumental. ¿Cuántos fines hay en la vida? Hay uno solo.

---

[1] *Ej.* 23.

Hemos sido creados, es decir, que no nacimos por decisión nuestra No nos hemos dado la vida a nosotros mismos, sino que la recibimos de Dios. Y Dios no nos creó simplemente «para que estemos por aquí», sino con una finalidad, con un propósito: una meta que hemos de alcanzar.

La vida tiene un objetivo final que es llegar al cielo. O sea, vivir felices para siempre. Vivir con Dios, que es quien nos ha creado, nuestro Padre, nuestro mejor amigo, y vivir así durante los años que estemos aquí y aún después de esta vida, en la gloria eterna.

Esa es la meta de la vida, ese es el objetivo. Por tanto, todo lo demás puede ser útil o puede no serlo, pero no es el objetivo final. El propósito de la vida no es hacerse muy rico, porque todas las riquezas terminan en la tumba y no nos las vamos a llevar… Tampoco el proyecto de la vida consiste en conseguir que los demás nos aprecien mucho, conseguir aplausos, ser alabados, ser estimados, porque tampoco eso es definitivo. Ni el objetivo es conseguir éxitos profesionales, académicos o de otro género. Todo eso puede estar muy bien, pero no es lo esencial, no es lo imprescindible ni lo verdaderamente valioso en la vida. ¿Qué es lo verdaderamente importante? ¡Que la vida sea plena y que no termine! Que, después de haber aprendido a querer y a ser queridos, podamos gozar para siempre de Dios en el cielo.

Jesús nos ayuda a entender en el Evangelio, de muchas maneras y con muchas parábolas, que hemos sido creados para Dios. En particular puede serviros al inicio de estos Ejercicios recordar una de estas parábolas, en el capítulo 15 de san Lucas: la parábola del hijo pródigo.

Si asistes a Misa, la habrás escuchado muchas veces. Normalmente nos sirve para entender lo malo que es el pecado (¡al hijo pródigo le arruinó la vida!), pero encierra más enseñanzas valiosas... Concretamente hay dos frases que propongo para que penséis en ellas:

La primera de ellas es al inicio de la parábola, que comienza con estas palabras: «Un hombre tenía dos hijos». Quizá piensas: «Bueno, esto ya lo sabíamos...». Sí, sí, pero piénsalo despacio: cuando Dios quiere hablar de sí mismo y de nosotros, el ejemplo que pone no es el de una empresa ni el de una máquina que tiene piezas y engranajes, sino que pone este ejemplo, el de un padre. Dice después que tenía dos hijos. Esto quiere decir que Dios es Padre, que tiene un corazón bueno, que somos hijos para Él, de modo que parece que le importamos. No somos simplemente cosas que ha fabricado, no somos solo criaturas a las que ha creado y a las que tiene por aquí, en el mundo, como un fabricante de coches tiene circulando sus vehículos por las carreteras... No, no. Él es un padre y nos quiere a cada uno como un padre a su hijo. Nos mira a cada uno, no como siervos o esclavos, sino como hijos muy queridos. «Un hombre tenía dos hijos». Llegados a este momento, puede ayudarte hacerte algunas preguntas:

- ¿Miras a Dios como un padre bueno, o a veces piensas que es un ser lejano e impersonal, como la energía atómica, que ni se ve ni se toca, y que no se interesa por el mundo?

- ¿Has sido hasta ahora un hijo para Él, es decir, valoras que Él está pendiente de ti y que te cuida? ¿Vives «con corazón de hijo»?

La última gran reunión de todos los obispos del mundo fue el Concilio Vaticano II, que tuvo lugar entre 1962 y 1965. Uno de los documentos más importantes que elaboraron se llamó *Gaudium et Spes*, y en ese escrito reflexionaron sobre la Iglesia en el mundo actual. Uno de los asuntos que trataron fue el ateísmo, del que dijeron que es «uno de los fenómenos más graves de nuestro tiempo»[2]. Además de hacer referencia al «ateísmo sistemático» (en alusión a las dictaduras comunistas que en aquel momento había en la Unión Soviética y otras repúblicas), el texto hacía referencia a un cierto *ateísmo práctico*[3], que seguramente es un riesgo mayor para nosotros. Se referían con esta expresión a

---

[2] *Gaudium et Spes,* 19.
[3] Cfr. *Gaudium et Spes,* 7.

la tentación de vivir «como si Dios no existiera», es decir, que —incluso los bautizados, los que vamos a Misa cada domingo o tenemos una imagen religiosa en nuestro dormitorio— podemos vivir de espaldas a Dios, ignorando que existe, como si Él no nos conociera o como si no le importáramos...

Continuamos con la parábola... El hijo pequeño se marcha y después vuelve, el mayor se enfada. Y entonces el padre le dice una segunda frase que puede también ayudarnos a reflexionar... Para que no se disguste de la vuelta de su hermano pequeño, el padre le dice: «Hijo, tú estás siempre conmigo y todo lo mío es tuyo». ¿Has pensado alguna vez esto? Dios quiere que tú estés siempre con Él... Todo lo que tienes es suyo, en realidad, y lo puedes usar porque Él lo comparte contigo...

«Todo lo mío —dice el padre en la parábola— es tuyo». Esto significa que la familia que tienes, la salud de la que dispones, los años de vida que has vivido, las cualidades que Dios te ha dado, los sitios que has conocido, los amigos que has hecho, tantas cosas geniales que has alcanzado... Todo eso, en realidad, no naciste con ello, no es propiedad tuya: todo eso es de Dios y Dios te lo ha dado para que lo compartas con Él.

«Hijo, tú estás siempre conmigo y todo lo mío es tuyo». Lo más importante que tenemos que hacer en la vida no es lo que tenemos que construir con las manos, con nuestro trabajo en el ordenador, en la oficina, en la fábrica... Lo más importante que tenemos que hacer en esta vida es *ser hijos, vivir como hijos de Dios.*

En nuestro Bautismo hemos recibido la filiación divina, es decir, que el Señor nos hizo sus hijos y comenzó a querernos y cuidarnos como un padre bueno. Al final del día, lo que tengo que preguntarme no es cuántos asuntos he resuelto, cuántas tareas he zanjado, sino si vivo con corazón de hijo con Dios, y si vivo con los demás con corazón de hermano.

«Un hombre tenía dos hijos... Hijo, tú estás siempre conmigo, todo lo mío es tuyo...». Precioso, ¿verdad? Bueno, pues el principio y fundamento de san Ignacio, que era esa frase que cité anteriormente, explica en qué consiste ser hijo, aunque utiliza palabras que ya nos solemos usar porque el autor escribió el libro de *Ejercicios* en el siglo XVI.

Cuando habla de «alabar, hacer reverencia y servir» está hablando de los matices del amor, de lo que requiere tener corazón de hijo. Cuando quieres a alguien, hablas bien de él o de ella (eso es alabar). También le tratas con respeto (eso es hacer reverencia). Y, finalmente, te pones a su disposición para prestarle ayuda en lo que necesita (eso es servir). Si hemos sido creados para alabar, hacer reverencia y servir a Dios nuestro Señor, hemos sido creados para *amar a Dios.*

Hay muchas cosas que nos interesan y nos ocupan: desde los resultados de la Champions, hasta las cifras del paro, la evolución de la guerra o una nueva serie de Netflix. Hay muchos asuntos que nos importan. Unos tienen más relevancia y otros tienen menor importancia. Pero es impresionante pensar que no hemos sido creados ni para el trabajo ni para la economía ni para la política ni para el ocio ni para el deporte ni para la cultura... Hemos sido creados *para Dios*.

Esta es una primera cuestión que san Ignacio deja clarísima. Creo que esto tiene mucha trascendencia: hay personas que experimentan un vacío interior grande y que no comprenden.

¿Recordáis el mito de Sísifo? Aquel personaje de la mitología griega fue condenado por los dioses a empujar perpetuamente un enorme peñasco hasta la cima de un monte. Cuando lo conseguía, la piedra caía rodando hasta el valle y tenía que comenzar de nuevo esta pesada tarea... Mucha gente se siente así: tiene la impresión de que tiene que madrugar, esforzarse y trabajar incesantemente, sin una esperanza, sin una razón.

Otros se extrañan porque han conseguido metas que la gente sueña alcanzar, y les parece muy raro que eso no les haga totalmente felices... «Terminé los estudios, tengo un trabajo, una novia o un marido estupendo, unos hijos buenos, un trabajo bien... ¿Por qué noto que me falta algo...?». Porque hemos nacido para Dios, y el corazón humano, el alma humana, tiene una capacidad de felicidad tan profunda, casi infinita, que si no descubrimos a Dios en esta vida, todo termina sabiéndonos a poco.

Quizá quienes no han tenido suerte en la vida porque las cosas les hayan ido mal piensan: «¡De eso nada! Si yo tuviera la suerte que tiene este, estaría feliz...». Pero creo que no es cierto... Muchos que lo han tenido todo reconocen que, al final, las cosas materiales no son capaces de satisfacernos plenamente, de llenarnos del todo. San Agustín lo expresaba de una manera muy hermosa que sigue siendo actual: «Nos hiciste, Señor, para ti y nuestro corazón está inquieto hasta que descansa en ti». ¿Te has preguntado alguna vez por qué hay muchos más suicidios en los países ricos que en las naciones pobres?, ¿te has parado a pensar por qué necesitamos más psicólogos en Europa que en África? Seguramente, este dato tiene que ver con que en África conservan lo que de verdad llena de valor y de sentido la vida: el amor, la familia, la amistad, la fe...

«Alabar, hacer reverencia y servir». Vamos a reflexionar brevemente sobre estas tres palabras:

Alabar significa reconocer en público la grandeza de alguien. Es caer en la cuenta y comunicar sus cualidades y sus méritos. Alabamos a alguien que tiene buena voz, al que juega bien al fútbol o a quien ha triunfado en los negocios. Pues bien, amar a Dios significa, en primer lugar, alabarle: caer en la cuenta de lo bueno que es, de lo poderoso que es, de lo inteligente que es... Hemos nacido para alabar a Dios y es precioso que, conforme uno va aprendiendo a rezar, a cantar a Dios, a adorarle, a alabarle, experimenta interiormente un gozo grande, como si notara uno que ser hijo es esto, es reconocer la bondad de mi Padre y alabarle de este modo.

En segundo lugar, san Ignacio utiliza la expresión *hacer reverencia*. ¿Quiere esto decir que tenemos que estar permanentemente haciendo inclinaciones, genuflexiones, postrándonos ante Dios como hacían los cortesanos de Versalles ante el rey Luis XVI? Noooo, «hacer reverencia» se refiere a una actitud interior, una actitud del corazón. Cuando amamos de veras a alguien, lo respetamos. Es decir, lo tratamos conforme a su dignidad. Si un chico dice que quiere mucho a una chica, pero en el fondo la utiliza, la usa, la maneja, eso no es amor verdadero: el amor verdadero implica no sobrepasarse, caer en la cuenta de la dignidad del otro.

Hacer reverencia a Dios es tenerle respeto, caer en la cuenta de que solamente Dios es Dios, y que, por tanto, nosotros no somos Dios. Yo no puedo decidir lo que está bien y lo que está mal, no puedo ir por la vida esperando que los demás se inclinen ante mí. No debo creerme más de lo que soy. Dios es Dios. Hacerle reverencia significa tener presente su grandeza, su majestad —podríamos decir— e incluye también obedecerle, respetar sus leyes y mandamientos, cumplir lo que Dios espera de nosotros.

San Ignacio expresa también la reverencia con otra palabra que es «acatamiento». Una persona que tiene corazón de hijo no se muestra insolente ante su padre, sino que le tiene un gran respeto. Respeto no significa miedo, no es vivir atemorizados ante Dios, como si sospecháramos que pretende hacernos daño o que busca perjudicarnos. Respeto es caer en la cuenta de quién es Él y quién soy yo. Respeto es obediencia, amor de hijo.

Y, en tercer lugar, dice san Ignacio, es necesario *servir a Dios* nuestro Señor. ¿Qué es servir a alguien? Es prestarle ayuda, estar disponible, ponerse a su disposición. Es estar gustoso de poderle ayudar. Es inclinarnos ante alguien para serle útiles en lo que necesita, prestarle nuestra sencilla colaboración. Cuando uno tiene corazón de hijo, se hace servicial. Quien ama está dispuesto a ayudar, a echar una mano, a arrimar el hombro. Eso es ser servicial.

Hemos visto con la parábola del Hijo pródigo que Dios es nuestro Padre y nosotros, sus hijos. Nuestra grandeza no consiste en las cosas que conseguimos en la vida, sino en lo que hemos recibido gratuitamente de Dios, que es el Padre bueno que nos quiere. Vimos también en qué consiste ser hijos, que es tener un corazón que ama a Dios.

Hacemos un paréntesis para aclarar un aspecto que es muy necesario recordar: en nuestro tiempo hay mucho emotivismo y sentimentalismo... Hay muchos «programas del corazón», «revistas del corazón», y mucha gente piensa que amar significa emocionarse con alguien, estar siempre a gusto con una persona o sentirse atraído por ella. Bueno, eso puede ocurrir al principio de una relación personal cuando uno se acaba de enamorar... Pero el amor verdadero no consiste en esto. Y por eso, cuando hay personas que identifican el amor a Dios con esto, no progresan en la vida cristiana porque querrían emocionarse con las cosas de Dios: que se les saltaran las lágrimas cuando sonaran los acordes del órgano en la iglesia, sentir tras la confesión una bocanada de aire fresco o notar un cierto calor en el pecho al comulgar... En el fondo, piensan que tener una relación viva con Dios debe ser como vibrar sentimentalmente con todas las cosas espirituales...

Pero el amor verdadero no es eso. Aprendemos el amor verdadero en la parábola del hijo pródigo o en el principio y fundamento de san Ignacio: es estimar mucho a Dios, aunque a veces no le sentimos. Es obedecer sus mandamientos, aunque a veces cuesta. Es estar siempre disponible a su servicio, aunque el egoísmo a veces nos haga desear otras cosas. Uno no ama a Dios más por tener una gran efusión de sentimientos interiores: uno ama más a Dios cuando tiene corazón de Hijo. Igual que en la vida familiar uno no es buen hijo por emocionarse con sus padres, sino por portarse bien con ellos, por estar disponible para ayudar. Un buen hijo es aquel con quien siempre se puede contar.

Os sugiero, al término de esta meditación, algunas lecturas de la Palabra de Dios que pueden ayudar para hacer con fruto el rato de oración que tendremos ahora:

Colosenses 1, 16

En este versículo dice san Pablo lo siguiente: «Todo fue creado por él y para él, y todo tiene en él su consistencia». ¿Quién es «él»? Jesucristo. ¿Y qué quiere decir que todo fue creado por Él, para Él y que encuentra su consistencia en Él? Significa que Jesucristo es el centro del universo. Todo lo que existe, las galaxias, los planetas, los continentes de la tierra y los océanos, todo ha sido creado de la nada por Él y todo ha sido creado para Él. De modo que, si Él dejara de estar interesado en nuestro mundo, podría hacerlo desaparecer en un instante. En el centro de toda la realidad está Jesucristo.

Vivimos en una época en la que se nos ha dicho que el centro del universo somos cada uno de nosotros: lo que yo quiero, lo que me gusta, lo que me apetece... Eso es la raíz de muchos problemas que tenemos en las relaciones con los demás: cuando uno piensa que sus propios deseos son lo más importante, querría que los demás fueran «satélites que giraran a su alrededor» e incluso que Dios le ayudara a cumplir sus planes... Esas personas se enfadan cuando las cosas no salen a su gusto...

No, yo no soy el centro de nada. El centro del universo es Jesucristo. Y yo seré tanto más feliz cuanto antes acepte que he sido creado porque Él es muy bueno y que he sido creado para ser amado por Él y para amarle.

En el fondo, este mundo es una familia, como nos decía la parábola del hijo pródigo. No se trata de ser el más guapo, el más fuerte, el más rico o el más listo, sino de construir en nuestro mundo una familia con relaciones cordiales de afecto, de amor, de entrega generosa: somos más útiles y más felices cuando ponemos al Señor en el centro de nuestra vida y procuramos ser buenos hijos de Dios, amarle y servirle.

¿Cuál es el centro de tu vida? ¿Qué es lo que más te importa? ¿Cuáles son los temas en los que siempre estás pensando? ¿Cuáles son las cosas que te ilusionan más? ¿Qué es aquello por lo que luchas, peleas, te sacrificas? ¿Es ya Jesucristo el centro de tu vida?

Si no es así, vivimos *descentrados*. Uno podría pensar: «No lo entiendo: ¡yo no cometo pecados muy graves, no he matado a nadie, no he robado, sigo con la misma mujer con la que me casé! Pensaba que mi vida era profundamente cristiana». Lo será..., pero solo cuando Cristo esté en el centro de tu vida. Cuando sea Él la meta de tus esfuerzos. Cuando agradarle a Él sea lo que más te importe. Cuando en el fondo descubras que has nacido para ser hijo, no para intentar hacerte Dios, que has nacido porque tienes un padre bueno que te quiere y que los que tienes a tu alrededor no son rivales, sino hermanos.

Vivir con esta actitud es algo sanador. Confiar en Dios nos da paz, ayuda a no caer en la ansiedad ni en la angustia, nos cura. Y, por el contrario, desgasta mucho intentar tener todo controlado, sufrir porque las cosas no salen perfectas, pretender dominar todas las situaciones... Como dice Monseñor José Ignacio Munilla: «Dios existe y no eres tú: relájate...».

Filipenses 3, 7-16

San Pablo vivía ignorando a Cristo. Es más, durante un tiempo estuvo persiguiendo a los cristianos y los encarcelaba. Hasta que, en un momento, camino de Damasco, descubrió a Jesucristo resucitado. A partir de ese momento, Jesucristo se hizo su mejor amigo, el centro de su vida. Jesús fue también aquel por quien lo hizo todo. En estos versículos de la Carta de los Filipenses lo expresa muy bien. Dice: «Todo lo estimo basura con tal de ganar a Cristo». Y esto significa que para san Pablo todo lo demás, el éxito o el fracaso económico, tener gente a su alrededor que le alabara o tener adversarios, estar sano o enfermo, vivir muchos años o morir joven, todo eso le daba igual. Lo único que de verdad le importaba era Jesús, Jesucristo. «Todo lo estimo basura con tal de ganar a Cristo», con tal de estar con Él, con tal de tenerle a mi lado, con tal de gozar de su amistad.

Mateo 16, 25

En este pasaje dice Jesús: «Quien quiera salvar su vida, la perderá; pero el que la pierda por mí, la encontrará». Esta frase resulta chocante a mucha gente: ¿Qué está diciendo?, ¿para ser feliz tengo que renunciar a buscar ser feliz? De alguna manera, Jesús está diciendo que, si lo que más te importa en la vida eres tú mismo, estás perdido. Y en cambio, en la medida en que sales de ti mismo, tu vida será un éxito.

San Ignacio de Loyola repetía esta frase a san Francisco Javier en la Universidad de la Sorbona de París donde convivieron en el Colegio Mayor Santa Bárbara. Javier era un chico cristiano, iba a Misa, tenía fe, pero su vida giraba en torno a sí mismo: su éxito académico, su éxito deportivo, su éxito con las chicas.

Y san Ignacio le decía: «¿De qué te sirve ganar el mundo entero si pierdes tu alma?». Esta frase, que al principio le resultaba irritante (seguramente pensaría: «Ya está este con sus monsergas»), termina, sin embargo, abriéndole una herida en el corazón, una inquietud, un cauce por donde pudo entrar la gracia de Dios. ¿Qué estoy haciendo con mi vida? ¿Qué he conseguido hasta ahora? ¿De qué me serviría seguir viviendo así cuando me llegue el día de presentarme ante Dios en mi muerte? He perdido mucho tiempo, en el fondo todavía no he aprendido a vivir...

1.ª Corintios 3, 22-23

Último pasaje que puede servirnos para hacer esta meditación del principio y fundamento. Esta frase de san Pablo es una síntesis de todo lo que he hemos visto: «Todo es vuestro, vosotros de Cristo y Cristo del Padre». Esto significa que todo lo que tienes a tu alrededor te lo ha regalado Dios. No pongas en ello tu corazón: son herramientas, medios, instrumentos de los que te tienes que servir, que puedes utilizar, pero no son el objetivo de la vida.

«Todo es vuestro. Vosotros de Cristo». Y tú, ¿de quién eres? Eres de ti mismo o eres de otra persona si has subordinado tu vida a tus propios caprichos o a los de otra persona. En las próximas meditaciones continuaremos reflexionando sobre el principio y fundamento de nuestra vida y, en particular, sobre dos asuntos que me parece que nos resultarán útiles y elocuentes para iluminar nuestra propia vida: el trato con el prójimo, el uso de las cosas y la aceptación de las circunstancias.

2. VALE QUIEN SIRVE
Principio y fundamento, 2.ª parte

La metamorfosis es una novela breve escrita por Franz Kafka en 1915. Aunque narra una historia fantasiosa, adelantó como una profecía algunos males de nuestro tiempo, por ejemplo, el individualismo y el egoísmo. El protagonista, Gregor Samsa, vive el drama de ser parte de una familia que solo quiere de él su sueldo, la nómina que recibe en su trabajo. Una noche se transforma en un enorme y monstruoso insecto y vive este sufrimiento en soledad completa, pues ninguno de sus familiares quiere estar con él, ninguno se le acerca. Solo su hermana le lleva comida, pero incluso ella finalmente prefiere que Gregor muera para no tener que cuidarlo. Esta novela, naturalmente, es ficción, y exagera la situación estrambótica que presenta, pero es como una alegoría de la época que nos corresponde vivir.

Es verdad que en el siglo XXI hay muestras de solidaridad —hay gente buena y ONG activas que desarrollan tareas valiosas—, pero social y económicamente parece que impera el criterio de buscar el máximo beneficio al menor precio, y muchas veces no importa lo que le ocurra al resto de la gente, con tal de que nosotros estemos bien. Hay mucha gente en las ciudades que no sabe ni siquiera cómo se llama su vecino; menos aún el del piso de arriba o el de abajo; y cada uno tiene el riesgo de vivir replegado en sus propias necesidades e intereses. Sorprende, también, que, hasta en zonas muy abarrotadas de gente, muchos pisos están vacíos o los habitan personas que viven solas.

Este no era el plan de Dios. El Señor, como veíamos en la parábola del hijo pródigo, creó el mundo para que fuéramos una familia: «un Padre tenía dos hijos». Así es como quiere que vivamos, no solo como hijos suyos, sino también como hermanos de las demás personas. Es decir, que nos queramos, que haya entre nosotros relaciones de afecto; que, tanto en el trabajo, en la vida social, en la escuela, la universidad y la calle, haya entre nosotros un trato de respeto y de interés de unos por otros.

El Papa Francisco nos ha prevenido contra la *cultura del descarte*, es decir, contra esa forma de vivir que consiste en dejar a muchas personas en la cuneta de la sociedad. Mucha gente no consigue un buen empleo tal vez porque no tuvieron tantas oportunidades o tanta formación como nosotros. Piensan que sobran en el mundo y se ven tentados de «bajarse del tren» de la vida. Esta cultura del descarte no parece que se vaya a resolver a corto plazo, sino que —al revés— es impulsada por leyes que la favorecen: por ejemplo, la eutanasia descarta a quienes ya no son productivos (ancianos, enfermos); y también desechamos a los bebés que no hemos deseado; o a los extranjeros que no nos interesan... Todo esto es contrario al deseo de Dios.

«El hombre es creado», comenzaba diciendo san Ignacio. Naturalmente, al decir «el hombre» no se refiere a un único varón adulto... Se refiere a todas las mujeres y hombres, niños, ancianos, sanos y enfermos, personas de todas las razas y épocas históricas. No fuimos creados solos, sino acompañados. Como decía la parábola, el padre tenía dos hijos. Ninguno somos «hijo único», Dios ha puesto muchos hermanos a nuestro lado. Por eso conviene ahora reflexionar sobre el amor al prójimo. El rato de oración que podrás tener ahora te servirá para considerar cómo es tu relación con los demás: con la familia, compañeros de trabajo, vecinos, conocidos y amigos. Podemos hacer esta meditación de varias maneras. Una de ellas es tomando el pasaje de la parábola del buen samaritano.

El buen samaritano (Lucas 10, 29-37)

Jesús propone en este fragmento del Evangelio el ejemplo de un hombre al que robaron y que quedó arrojado en el suelo. Pasaron cerca de él varias personas: un sacerdote del templo de Jerusalén, un escriba conocedor de la Escritura y un samaritano. Es curioso porque —de estas tres personas— ninguna le hizo daño, pero tampoco todas le hicieron bien. Solamente el último en pasar, el samaritano, se ocupó de él: de cargarlo sobre sus hombros, de llevarlo utilizando un burrito a una posada, de pedirle al posadero que le atendiera y de comprometerse a pagar el coste de su estancia.

La parábola puede querer enseñarnos varias cosas. Por un lado, podemos pensar que narra lo que Jesucristo ha hecho con nosotros. La humanidad estaba como esa persona arrojada en la carretera, porque estábamos perdidos, porque no íbamos a vivir eternamente y tampoco la vida en este mundo ofrecía una gran esperanza. Cristo vino a nosotros como un samaritano, es decir, despreciado por los fariseos que se creían mejores. Cristo nos cargó sobre sus hombros en la cruz. Nos llevó a una posada, que es la Iglesia, y Él ha encargado a la Iglesia que cuide de cada uno de nosotros para que no nos falte nada imprescindible para nuestra felicidad y para nuestra salvación eterna.

Pero, además de hablarnos de Jesucristo, esta parábola también es una llamada a nuestra conciencia. Nos dice que no basta con evitar hacer cosas malas. No es suficiente esquivar los pecados graves, sino que debemos hacer todo el bien posible: las personas que están a nuestro lado nos las ha puesto el Señor.

Cuando Jesús habla en el Evangelio sobre el juicio final[1], dice que desea que nos interesemos por los demás: «Tuve hambre y me diste de comer; tuve sed y me diste de beber... ¿Cuándo hice yo eso?, le preguntarán. Cuando lo hicisteis con uno de estos mis humildes hermanos». El Señor desea que tomemos a los demás en serio, como hermanos de una misma familia.

Siempre hay a nuestro lado alguien que necesita ayuda: la ayuda de nuestros bienes, de nuestro tiempo, del cariño, de una sonrisa... Uno puede a lo largo de la vida hacer muchas cosas —incluso cosas buenas, como el escriba o el sacerdote de la parábola—, pero no estar haciendo lo que Dios quiere, sino estar «dando un rodeo». A eso es a lo que llamamos «pecados de omisión»: a no hacer el bien que podemos hacer y que Dios quiere que hagamos... A veces tenemos motivos para tener prisa, para ir de aquí para allá, de un lado a otro, pero Dios nos pone cerca personas que Él desea que cuidemos como a miembros de nuestra propia familia.

¿En qué consiste amar a los demás? ¿Qué es este amor fraterno del que nos habla la parábola del buen samaritano? Amar quiere decir «salir de uno mismo», que lo importante para mí no sea solo yo —lo que me gusta, lo que me interesa o me apetece— es fijarme antes en los otros que en mí mismo.

---

[1] Cfr. *Mt* 25, 35-40.

Con un ejemplo puede entenderse mejor. Hay en el universo dos tipos de fuerzas cósmicas: una es la fuerza *centrípeta*, que es la que, por ejemplo, ejerce el Sol sobre los planetas y sus satélites. Esta fuerza atrae los planetas hacia él, hacia el sol que está en el centro. Esta es la fuerza centrípeta. Pues bien, hay personas que tienen un corazón centrípeto, o sea, son absorbentes, lo quieren todo para ellos y usan a los demás para su propio interés.

Y por el contrario, hay fuerzas *centrífugas*, es decir, de dentro hacia afuera, que es lo que vemos, por ejemplo, en el tambor de una lavadora, cuando está secando la ropa, ¿verdad? La ropa se extiende hacia los extremos y así se seca. Bueno, pues un corazón centrífugo es una persona que vive para darse, para entregar lo que tiene, lo que sabe, lo que puede, al servicio de Dios y de los demás. Es una persona que se da, que se entrega. Esto es el amor: el amor es generosidad, es pensar antes en quien tengo delante que en mí mismo. El egoísmo tiende a poseer, tiende a dominar, mientras que el amor, por el contrario, es «oblativo», tiende a darse.

Decálogo del amor

El P. Carlos Valverde fue un magnífico sacerdote jesuita experto en filosofía. Él ofrecía un decálogo sobre el amor muy interesante, que también puede ayudarnos en este momento. La palabra «amor» puede significar cosas muy diferentes, e incluso contradictorias. Por ejemplo, el lema «*haz el amor* y no la guerra», difundido en la revolución sexual de mayo de 1968 en París, no entendía la palabra «amor» al estilo cristiano... Tampoco los crímenes pasionales, en los que el asesino dice haber «matado por amor» a su víctima, tienen nada de amor verdadero... Por eso es preciso delimitar el significado del amor al prójimo, tal como lo enseña Jesucristo, porque podemos pensar que amamos a los demás y que, sin embargo, cuando descendemos al detalle concreto, veamos que no era exactamente amor lo que había en nuestras relaciones.

El P. Valverde distinguía los matices del verdadero querer, los sinónimos del amor, diez palabras que expresan en qué consiste y que nos pueden ayudar a hacer un examen de conciencia y a ver si de veras queremos a los demás. Amar requiere diez cosas:

1. Amar es *respetar*. Cuando uno quiere a otro, procura tratarle con consideración y no molestar: respetar su opinión, su intimidad, su fama, su integridad. No se ama a quien no se respeta. Es preferible ser prudente con las cosas que uno hace y dice, en lugar de faltar al respeto o herir a otra persona.

2. Amar es *acompañar*, ser cercano. Si digo que quiero mucho a los demás, pero tengo ante ellos una postura de superioridad —como si estuviera

subido en una tribuna desde donde los mirara por encima del hombro—, es que no los quiero suficientemente. El que ama se aproxima, supera la distancia.

3. El amor requiere muchas veces *callar*. Como dice el refrán, «dos no discuten si uno no quiere». Cuando uno quiere mucho a otra persona, no le dice lo primero que se le pasa por la cabeza: sabe esperar el momento oportuno para decir algunas cosas. Hace falta a veces morderse la lengua, olvidar las ofensas, no ser tan espontáneo que termine uno resultando mal educado o insolente.

4. Amar es *acordarme* de los demás. Corazón se dice en latín «cor-cordis». De ahí procede la palabra *re-cordar*, que es 'pasar de nuevo por el corazón'. Querer a los demás requiere acordarse de ellos, llevarlos en el corazón. Esto tiene mucha importancia: hay personas que están en el hospital, otros que han perdido a un familiar, otros que han tenido un niño, o que han encontrado un empleo, o que han suspendido unas oposiciones... Cuando quieres de verdad a alguien, te acuerdas de esa persona: te acuerdas de felicitarle o de dar el pésame, lo llevas dentro, no dejas que pasen años sin verle, sin hablarle o sin darle un toque.

5. En quinto lugar, amar —esto ya lo enseñaba san Ignacio— significa *servir*. El Papa Francisco dice

una máxima que es útil y fácil de memorizar: «quien no vive para servir no sirve para vivir…». Tiene razón: la persona que aprovecha bien la vida, que «sabe vivir», es la que se acostumbra a servir, a echar una mano, a arrimar el hombro, a estar disponible.

6. Amar requiere también *aceptar* a los demás como son. ¡Qué difícil! Cada uno nos hacemos un patrón mental de cómo tendrían que ser los demás y cuesta acogerles como son. Algunos maridos se quejan de esto: de que su mujer —antes de casarse— le decía que le quería mucho, pero en cuanto se casaron ha pretendido educarlo y cambiarlo del todo… Querer a alguien significa no pretender que sea como a mí me gustaría que fuera, sino aceptarle como es, sin exigir ni pretender cambiarlo. No es que haya que justificar todo lo que esa persona hace, pero tampoco se debe condicionar el amor a que cambie de conducta.

7. *Sonreír* es otro rasgo propio de quien ama. La expresión corporal es un verdadero lenguaje no verbal con el que decimos muchas cosas. Aunque no lo pretendamos, con nuestro cuerpo decimos a los demás si les apreciamos sinceramente, o si les estamos juzgando, o si nos cansan… Cuando miramos a una persona de arriba abajo, cuando torcemos el gesto, cuando ponemos cara de seriedad, de prisa, de indignación o de odio, podemos ha-

cer daño a los demás. Una persona que quiere mucho a los demás también corporalmente trata de ser agradable, trata de ayudar contagiando paz y alegría. La sonrisa no debe ser forzada —eso sería una mueca—, sino que es valiosa si nace del interior, si expresa lo que uno lleva en el corazón. La sonrisa es magnífica cuando manifiesta que esa persona vive por dentro contenta y tranquila, porque entonces lo contagia en el trato con el otro. Qué importante es esto, ¿verdad?

8. En octavo lugar, amar significa *cuidar especialmente a los que necesitan más*. Claro, si solamente me hago amigo de las personas que me reportan algún beneficio —porque pueden invitarme a su casa, porque pueden hacerme regalos o porque su conversación me resulta divertida—, en realidad no les estoy amando, sino que «me interesan». Y, en ese caso, ¿a quién amo? A mí mismo: lo que amo es estar bien yo, pasarlo bien, y para eso busco gente que me aporte. Sabes que amas cuando te acercas a personas no porque te aporten algo, sino porque necesitan ser queridas. Puedes preguntarte quiénes son tus mejores amigos, a quién te acercas, con quién vas, y también de quién escapas, o cuáles son las llamadas que evitas porque te resultan pesadas. Una persona que ama no huye de nadie y quiere especialmente a los que necesitan más, a aquellos a los que puede aportar más.

9. Amar requiere *perdonar*. Esto no quiere decir que no te duelan las cosas que te han hecho, que han sido una herida para ti, pero sí significa procurar que esa herida no sea para siempre, definitiva, sino que estés dispuesto a pasar la página, a superarlo, a olvidarlo, a hablar de otro asunto, a dar el tema por zanjado. Uno perdona cuando no guarda rencor, cuando no conserva amargura en el corazón.

10. Y, finalmente, amar también exige *no hablar mal de los demás*. También esto tiene importancia. De casi todas las personas podemos alabar algo. Por ejemplo, de uno se puede decir que es buen deportista, de otro podemos decir que tiene buena voz, de otro que ha tenido éxito en los negocios o que tiene unos hijos preciosos. Pues de eso es de lo que tenemos que hablar: contar las cosas buenas de los demás, omitir las malas, de modo que lo que digamos sobre los demás sea constructivo y positivo. San Josemaría Escrivá de Balaguer decía: «No hagas crítica negativa: cuando no puedes *alabar*, cállate»[2]. De casi todos podemos decir algo positivo y, si hubiera alguna persona en quien no vieras nada positivo (mira que es raro), pues de esa persona mejor no digas nada, o di que no le conoces demasiado bien para poder hablar de él…

---

[2] San Josemaría, *Camino*, n.º 443 (CECE, Madrid 2023).

Como el pasaje del buen samaritano, este decálogo puede ayudarnos a ponernos ante la verdad de nuestra vida: ¿amo a los demás?, ¿tomo en serio a mis prójimos?, ¿les trato como hermanos, o tengo un corazón todavía demasiado pequeño, un poco mezquino, un poco egoísta, un poco endurecido?

Otro mandato de Jesús (Juan 17, 21)

Jesús dice: «Padre, te ruego por ellos, para que sean uno como tú, Padre, en mí y yo en ti, que ellos también sean uno». Ser uno significa estar unidos, crear comunión, concordia. ¿Qué es concordia? Que dos corazones, «cor-cordis», converjan, se hagan uno. La con-cordia es lo opuesto a la dis-cordia. ¿Tú piensas, con sinceridad, que creas concordia a tu alrededor? Es decir, ¿ayudas a crear buen ambiente en tu trabajo, en tu familia, con tus vecinos, con tus amigos?, ¿o tienes la impresión de que a veces creas discordia, poniendo a unos contra otros, enredando, fastidiando?

Todo esto tiene importancia. Alguno puede decir: «Pero esto no está en los diez mandamientos...». ¡Claro que está! Porque los diez mandamientos se resumen en dos, que son: «Amarás a Dios sobre todas las cosas y amarás a tu prójimo como a ti mismo»[3]; y también dice el Señor: «Que os améis como yo os he amado»[4].

---

[3] *Mt* 22, 36-39.
[4] *Jn* 13, 34-35.

La vida sin amor

Madre Teresa de Calcuta, una religiosa santa de origen albanés que fundó las Misioneras de la Caridad, ha pasado a la historia por su caridad excepcional. Además de contribuir con sus Hermanas a que hayan sido salvadas miles de personas abandonadas en las calles de Calcuta, de Addis y de otras ciudades, también fue ella la que puso en marcha el primer centro del mundo para enfermos terminales de SIDA. Se llama «Gift of love» y fue inaugurado en la Navidad de 1985 en Manhattan, Nueva York.

Pues bien, se atribuye a Madre Teresa esta reflexión sobre la necesidad del amor al prójimo. Todas las habilidades humanas que hemos recibido dejan de ser útiles si no están acompañadas por el amor. Es más, las cualidades que tenemos se hacen peligrosas sin amor... Dice así:

La inteligencia sin amor te hace perverso.

La justicia sin amor te hace implacable.

La diplomacia sin amor es hipocresía.

El éxito vivido sin amor te hace arrogante.

La riqueza sin amor es avaricia.

La docilidad sin amor te hace servil.

La pobreza vivida sin amor te hace orgulloso.

La autoridad ejercida sin amor es tiranía.

El trabajo, si lo realizas sin amor, es una esclavitud.

La naturalidad sin amor es grosería.

La oración sin amor no es oración, es introversión.

La fe vivida sin amor te fanatiza.

La cruz soportada sin amor se convierte en tortura.

La vida sin amor no tiene sentido.

3. METED SOLO LO IMPRESCINDIBLE
Principio y fundamento, 3.ª parte

San Ignacio dice: «Las demás cosas sobre la faz de la tierra han sido creadas para el hombre» y nos enseña a procurar ser indiferentes a todo lo que no es el fin propio de la vida.

Escoger los medios apropiados

Recuerdo un campamento de jóvenes en la parte leonesa de Picos de Europa. Nos preparábamos para una marcha que sería costosa y que nos llevó varios días: bajar desde Posada de Valdeón por Caín, para subir desde el río Cares «la canal de Trea» (¡1.200 metros de desnivel positivo hasta el refugio de Vega de Ario!), y continuar en dirección a los Lagos y Covadonga. El jefe de campamento dio una sencilla explicación sobre lo que había que meter en la mochila, que me ha servido para el resto de la vida: «Meted solo lo imprescindible para llegar hasta el final». Sencillo, ¿verdad? Si metes muchas cosas en la mochila —ropa de sobra, libros o comida excesiva—, el peso te hará difícil la marcha. Tendrás que ir más lento, entorpecerás el camino a los demás, seguramente tengas que detenerte por el cansancio, e incluso es posible que no puedas completar la marcha. Y, si no metes en la mochila lo necesario —agua y la comida imprescindible, chubasquero y saco de dormir—, también tendrás peligro de cogerte una pulmonía cuando llueva, de deshidratarte o de no poder dormir por el frío...

Pues así es la vida: como una marcha de montaña. Meted solo lo imprescindible para llegar hasta el final. Nuestro objetivo es amar a Dios, amar a nuestros prójimos, llegar al cielo. Todo lo demás es secundario: lo que te ayuda en este camino, guárdalo y utilízalo; lo que no te ayuda y lo que te perjudica para esta meta, mejor quítatelo de encima... Es propio de sabios escoger solo lo que más ayuda a llegar a la cumbre, lo que más nos sirve para llegar a donde queremos llegar, al cielo.

«Desnudo salí del vientre de mi madre y desnudo volveré a él»[1]. Muchas cosas resultan pegajosas porque nos ilusionamos con conseguirlas, después no nos resultan útiles, pero nos da pena deshacernos de ellas: libros que acumulan polvo, ropa que no te pones, recuerdos de viajes, chismes de todo género... ¿Va a ayudarte todo eso para el objetivo que pretendes en la vida?, ¿no? Pues cuanto antes te lo quites, mejor. Aunque no lleguemos al síndrome de

---

[1] *Jb* 1, 21.

Diógenes, ¡cuántas cosas innecesarias acumulamos sin saber para qué! Dirás que exagero, pero sería estupendo llegar al final de la vida, haber ido regalando todo y quedarnos solo con lo que vaya a caber en el ataúd…

San Ignacio nos propone «hacernos indiferentes» a todas las cosas creadas. ¿Significa eso que todo nos dé igual, pasar de todo? No exactamente… Lo que quiere proponernos es que seamos libres. Cuando no puedo vivir sin mis caprichos, cuando separarme de mis comodidades me hace pasarlo fatal, es que estoy apegado a esas cosas. Y el que está apegado no es libre, se ha hecho «dependiente». San Juan de la Cruz decía que igual de atado está un pajarillo al que han liado la pata con un hilito, que al que se la han amarrado con una cuerda: ninguno de los dos podrá volar. De la misma manera, da igual que tenga muchas ataduras o que tenga pocas: si tengo ataduras, no soy libre. Lo deseable es no tener ninguna. No dejar que nada impida tu libertad: sé tú quien usa las cosas, no dejes que las cosas te dominen. Como escribe san Pablo: «Todas las cosas son vuestras, vosotros de Cristo y Cristo del Padre»[2].

Quizá esta explicación parezca sencilla, pero aplicarla día a día no es tan fácil. Los días tienen solo 24 horas y las semanas, 7 días. Y esto quiere

---

[2] *1 Co* 3, 22-23.

decir que hay que escoger: elegir unas cosas y recha-zar o postergar otras. No podemos hacer todo lo que nos gustaría, ni podemos leer todo lo que se publica ni ver todas las series que salen. Hay que elegir, y elegir significa optar por unas cosas y re-nunciar a otras.

Por ejemplo, ¿en qué orden crees que deberían establecer unos padres de familia cristianos estas prioridades para sus tres hijos adolescentes?

- Que vistan bien conjuntados, a la moda y, a ser posible, con ropa buena.

- Que obtengan buenas calificaciones académicas para poder escoger una carrera profesional y lle-gar a tener un buen empleo.

- Que lo pasen bien y disfruten, que para eso son jóvenes. Ya tendrán tiempo para sentar la cabeza.

- Que conserven la fe: amen a Dios, recen, tengan devoción a la Virgen, eviten el pecado y se sien-tan parte de la Iglesia.

- Que vayan encontrando un entorno de oportuni-dades: amigos de familias con un nivel socioeco-nómico elevado, un ambiente que les reporte be-neficios.

- Que sean muy educados: respetuosos, obedien-tes, amables, colaboradores.

- Que hablen inglés a la perfección, porque es muy necesario en el mundo actual; y, a ser posible, que comiencen con un segundo idioma (alemán, francés, chino).

• Que practiquen asiduamente uno o varios deportes para mantenerse sanos físicamente y ser capaces de sacrificarse: atletismo, baloncesto, pádel.

• Que sean bondadosos y generosos, y para eso visiten a algún familiar enfermo o ayuden en algún sencillo voluntariado.

Seguramente, para muchos padres, todos estos objetivos resultan interesantes, pero conseguirlo todo es tarea prácticamente imposible... Inconscientemente, cada familia escoge unas prioridades y relega otras para más adelante, para cuando se pueda... Por ejemplo, quien dedica tiempo a estar con sus hijos está dando prioridad a unos objetivos más que a otros; quien envía a su hijo al extranjero a un lugar donde no irá a Misa tiene otras prioridades, y quien no sabe con quién ni a dónde ni hasta qué hora salen sus hijos se ha marcado otras metas en la vida.

La enseñanza de san Ignacio es sencilla: escoge para ti y procura para los tuyos lo que de verdad importa: lo que os hará llegar al cielo. Procura a tus hijos el patrimonio más duradero que existe: la vida eterna. Las demás cosas tienen un valor relativo: sirven «en tanto en cuanto» te ayuden a lograr el objetivo de la vida.

Aceptar las circunstancias

Esta forma de pensar nos hace libres porque evita que nos apeguemos a las cosas, que entendamos que no son fines en sí mismas, sino que son medios; no son el objetivo, sino las herramientas para conseguirlo. ¿Qué es mejor: vivir muchos años o vivir pocos? Pues depende, porque si una persona está empleando muy bien la vida y después de esta va a llegar al cielo, quizá venga bien que esa persona viva muchos años para hacer mucho bien a los demás. Pero si uno está perjudicando a los demás y luego tendrá que dar cuenta de su vida ante Dios, casi mejor que su vida sea breve... ¿Qué es mejor: ser rico o vivir con lo justo? También depende: hay personas que han tenido muchos recursos, y con esos medios han ayudado a mucha gente... Por ejemplo, si una persona rica utiliza sus bienes para regalar equipos médicos a los hospitales, deberíamos alegrarnos de que le sigan quedando recursos para compartir... Ahora, si a otra persona sus bienes le están volviendo más egoísta y avaricioso, casi le vendría mejor perderlo todo... ¿Qué es mejor: estar sano o enfermo? Quien escribe esto pasó por una leucemia con 14 años, y reconozco que de no haber sido por aquella enfermedad, probablemente no habría descubierto la familia maravillosa que tengo ni el amor de Dios, y tal vez ahora no sería sacerdote... Así que, recordando aquel año, creo que estuve enfermo «gracias a Dios» y que aquello fue una bendición...

Todo esto nos ayuda, como veis, a juzgar las cosas con criterio espiritual y no con un criterio mundano. Si no tuviéramos fe, uno querría estar sano, ser rico, tener una vida larga, no tener que trabajar demasiado y que le fuera muy bien... Pero ¿qué sabemos lo que nos conviene más para ser buenos y para nuestra salvación eterna? No tenemos ni idea, y por eso es mejor no apegarse a las cosas que nos apetecen ni rechazar las que nos cuestan, sino tomar lo que creemos que nos va a ayudar para nuestro fin definitivo y aceptar que Dios permita lo que nos convenga.

San José María Rubio, un jesuita del siglo XX, decía que ser santo es sencillo: consiste en «hacer todo lo que Dios quiere y querer o aceptar todo lo que Dios hace». Es decir, saber acoger la vida como nos llega y entender que las cosas tal como ocurren, si Dios las permite de esa manera, probablemente es porque encierran un regalo para nosotros. Estamos hablando de las circunstancias de la vida y de cómo estas circunstancias, aunque a veces no sean las que más nos gustaría, si Dios las permite, son para nuestro bien.

Muchas veces vivimos en la queja: queja de los demás, queja de las circunstancias que no nos gustan, incluso queja de nosotros mismos, porque no nos aceptamos como somos. Pero es más inteligente consentir la vida como es, tolerar a los demás como son y aceptarnos a nosotros mismos, con nuestras debilidades y flaquezas. Dicho de otro modo: asumir que todo lo que ocurre, sucede porque Dios lo quiere o —al menos— porque Dios lo consiente para sacar algún bien de todo ello. Cuentan que uno se encontró con un amigo que llevaba una carretilla cargada y le preguntó: «¿Qué llevas en la carretilla?». Su amigo le dijo: «Estiércol para echar a las fresas», y el primero le preguntó espantado: «Pero..., ¿no las has probado con nata?»...

El que entiende de campo sabe que, antes de recogerlas, lavarlas y servirlas (con nata), las fresas pasan meses en el campo rodeadas de estiércol... ¿Por qué rechazamos que la vida nos eche estiércol, si eso va a ayudarnos a crecer y a fortalecernos? Más bien tendríamos que agradecerlo... Todo lo que te prepare para llegar al cielo como una fresa grande, dulce y sabrosa, bienvenido sea... aunque te desagrade, como el olor del estiércol. Cambiar la queja por agradecimiento: aquí tienes la clave. «Si la vida te da limones, prepárate una limonada»...

En una ocasión leí este escrito que comparto con vosotros. Era una persona que escribía a Dios y que comenzaba reprochándole, quejándose de que la vida no había sido como a él le hubiera gustado. Pero veréis cómo el final es curioso e interesante. Decía esta persona en su oración:

«Señor, te he pedido fuerzas y lo que me has dado son dificultades para hacerme fuerte. Te he pedido sabiduría y me has dado muchos problemas para resolver. Te he pedido éxito y tú me has dado capacidad y energía para trabajar mucho. Te he pedido valor y lo que tengo son peligros que tengo que superar. Te he pedido amor y tú me has rodeado de personas necesitadas para que les ayudara. Te he pedido favores y tú me has dado oportunidades. ¿Sabes, Señor? No he recibido de ti nada de lo que deseaba, pero entiendo que me has dado todo lo que necesitaba».

Sería un fruto excelente de Ejercicios si, después de estos días, el Señor nos concede la gracia de vivir sin quejarnos. Sería un magnífico progreso aprender a no estar insatisfecho porque la vida no es como habíamos soñado; porque los demás no son como nos gustaría —este hijo, mi mujer, mi marido—, o porque uno mismo no ha llegado a donde había deseado. Sería un fruto precioso si, a partir de estos días, abandonamos el tono de reproche en nuestros pensamientos y conversaciones y comenzamos a dar gracias a Dios por todo. Porque, en el fondo, aunque nos cueste admitirlo, todo lo que Dios permite puede ser para nuestro bien.

Dice san Pablo: «Para los que aman a Dios, todo les sirve para el bien»[3]. ¿Tienes gente cerca que te

---

[3] *Rm* 8, 28.

molesta? Bueno, quizá esto te pueda ayudar a ser más paciente. ¿Hay gente que te pide ayuda? Probablemente, esto te ayudará a ser más generoso. ¿Alguien está siempre queriendo quedar por encima de ti? Tal vez esto te sirva para ser más humilde... Todo lo que nos pasa en la vida, lo agradable y lo desagradable —cuando Dios lo quiere o por lo menos lo tolera—, es porque se puede obtener algo bueno de ello.

Esas cosas que no nos gustan de nuestra vida son las que llamamos «cruces». Para unos, su cruz es un jefe o un compañero de trabajo; para otros, un familiar que resulta odioso; hay quien tiene un dolor corporal que no se le quita; los hay que llevan media vida lamentando un error en el que incurrieron; conozco algunos que padecen una injusticia que cometieron contra ellos, y también otros se lamentan de haber tenido mala suerte... Da igual qué sea lo que rechazas de tu vida: eso que no te gusta, que aborreces, eso es tu cruz. Lo que resulta sorprendente es que esa cruz que hemos intentado quitarnos muchas veces es precisamente lo que puede unirnos más a Jesucristo... Asombroso, ¿verdad?

El padre Luis María Mendizábal, jesuita ejemplar que vivió hasta 2018, decía con gracia: «A una persona que no se quejara nunca de nada ni de nadie, ni siquiera de sí mismo, ni por fuera ni por dentro... a una persona así habría que canonizarla». Quienes le conocimos damos fe de que esto que predicaba era también lo que vivía: hasta sus casi 93 años —y a pesar de los sufrimientos interiores que Dios le permitió padecer— vivió con ilusión y esperanza, con una alegría desbordante y contagiosa. Una persona así, que vive en paz consigo mismo, con los demás, con la vida; que vive interiormente con alegría; que acepta las cosas como son; que agradece a Dios las circunstancias que le han tocado vivir... Una persona así, como el padre Mendizábal, es una persona muy llena de Dios.

Esta meditación, como habéis visto, es una consideración general de la vida, de para qué estamos en este mundo. Estoy aquí porque Dios me ama, estoy aquí para ser amado y amar, estoy aquí para llegar al cielo. Tengo alrededor muchas personas que Dios ha puesto a mi lado para que los ayude y los quiera, y tengo muchos medios y herramientas que debo coger o rechazar en la medida en la que me resulten útiles para el fin que pretendo en la vida, que es llegar a ser santo y así llegar al cielo. Y, por último, las circunstancias de la vida, las que no puedes escoger, sino que te vienen dadas, las que te suceden sin que hayas previsto ni organizado, todas esas circunstancias que Dios permite son para tu bien. Pídele al Señor la gracia de vivir con paz y con alegría, de vivir sin queja, de vivir con agradecimiento. Este es un buen camino para ser feliz.

4. ESPINAS QUE SE CLAVAN
El pecado

Después de haber meditado sobre el Principio y Fundamento, que nos recuerda la meta de nuestra vida, la razón para la que el Señor nos ha creado y lo que tenemos que hacer para lograrlo, nos anima san Ignacio a que ahora fijemos nuestra atención en la realidad actual de nuestra vida, que no es tan maravillosa como este ideal que hemos presentado.

Vivir amando a Dios, vivir amando al prójimo, hacer un uso adecuado de las cosas sin apegarnos a ellas, aceptar las circunstancias. Todo esto es lo ideal. Y, si una persona vive así, de esa forma, llega a ser una santa, un santo. Pero ¿cuál es la realidad de nuestra vida? Es seguramente más pobre y es probablemente más mezquina. Somos débiles y pecadores, hay en nosotros todavía mucho orgullo, envidia, egoísmo, muchas cosas que desagradan a Dios y que también perjudican a otros.

San Ignacio nos propone que, cuando comencemos este rato de oración que tendremos después de leer estas páginas, le pidáis al Señor una gracia, que es un regalo muy impresionante y muy necesario (aunque a alguno le puede resultar chocante). Esa gracia que hemos de pedir es «vergüenza y confusión de mí mismo, viendo cuántos han sido dañados por un solo pecado mortal y cuántas veces yo merecía ser condenado para siempre por mis pecados». Para que se entienda mejor: pedidle a Dios que nos ayude a caer en la cuenta de que nuestros pecados no solamente son absurdos —no nos llevan a ninguna parte—, sino que además son una profunda ingratitud contra un Dios tan bueno; que perjudican a nuestros hermanos y que podrían terminar amargando nuestra propia vida para siempre.

Hay muchas maneras de hacer esta meditación. Quiero proponeros varias para que cada uno escoja la que le parece que le puede ayudar más, y que dediquéis ese rato de silencio y de oración personal de alguna de las formas que os propongo.

Maldita serpiente (Génesis 3)

La primera manera de hacer la meditación del pecado podría ser leer en el capítulo tercero del Génesis el relato del pecado original. Es verdad que no es un texto que haya que tomar al pie de la letra. Es una alegoría, de modo que no es necesario que creas que Adán y Eva fueran exactamente estas personas con este nombre, o que hubiera un árbol y una serpiente. Este pasaje, que es Palabra de Dios, expresa una verdad profunda y con unas imágenes y unos términos que envuelven esa verdad de una forma literaria. ¿Y cuál es esa verdad tan importante?

La primera verdad es que fuimos creados en amistad con Dios, que el mundo era un paraíso, que había armonía entre los seres humanos, entre los hombres y la naturaleza, y entre la humanidad y Dios.

La segunda verdad fundamental es que la tentación se introduce de una forma sutil y engañosa. En este pasaje, cuando lo leemos despacio, vemos que la serpiente seduce a Eva y lo hace engañándola: «¿Cómo es que Dios no os deja comer de ninguno de estos árboles?». ¡Era falso! Dios les había dicho que podían comer de todos menos de uno, del árbol de la ciencia del bien y del mal. Esa expresión seguramente significa que Dios les permitía usar todo lo que había creado para ellos, pero que no les permitía decidir lo que está bien y lo que está mal: eso es simbólicamente el árbol de la ciencia del bien y del mal. O, dicho de otra manera, que Dios les dejaba hacer todo, menos usurparle a Él su lugar de Padre y creador. La serpiente le promete a Eva: «Seréis como dioses», es decir, les promete algo que es imposible, que es absurdo, que ella sabe que es mentira, y que además sería una ingratitud contra Dios, pretender suplantarle y apartarle de nuestra vida.

Su tentación, como decía, es engañosa, sutil. Así suele obrar también con nosotros. Cuando el maligno nos tienta, no lo hace diciéndonos directamente que ofendamos a Dios, sino haciéndonos creer que Dios no sabe hacernos felices, o no puede, ¡o no quiere! Y que, por el contrario, esta serpiente va a descubrirnos una forma nueva de vivir plenamente, felizmente, persuadiéndonos de que no tiene demasiada importancia, a Dios no tendría que molestarle nuestra felicidad, y además probablemente nadie tiene por qué enterarse... «Si lo hace todo el mundo..., ¿qué más da un pecado más que uno menos?». Es siempre sibilino, sutil, engañoso. El demonio es siempre mentiroso.

¿Y cuál fue la consecuencia de ese pecado original? Que se rompió la armonía. Adán y Eva —que antes estaban unidos— terminaron echándose los trastos a la cabeza: Adán echa la culpa a Eva y Eva culpa a la serpiente... Además, terminan siendo expulsados del paraíso, es decir, que han perdido la inocencia original y la santidad en la que habían sido creados.

Por si fuera poco, pierden la armonía con la naturaleza, que se vuelve contra ellos. Por eso Dios les dice: «Parirás con dolor, trabajaréis con el sudor de vuestra frente». No es que el trabajo sea malo (¡es magnífico!), pero en los planes de Dios no estaba que resultara a veces agotador o doloroso. Y lo mismo podemos decir de la maternidad. Es decir, después del pecado original hay en la vida algo que hace que la propia vida resulte costosa, que haya cosas que cuesten mucho esfuerzo, y que —sobre todo— ser buenos se nos haga «cuesta arriba».

Ser bueno no es nada fácil. Es bastante complicado. Exige renuncia personal y sacrificios. Y eso es consecuencia del pecado original. En los planes iniciales de Dios, como el hombre estaba en armonía con Él, con el resto de los hombres y con la naturaleza, ser bueno era lo normal, lo que salía espontáneamente, lo que a cualquiera le iba a brotar de manera natural. Pero eso, salvo la Virgen y Jesús, que han nacido sin pecado original, los demás lo hemos perdido. Incluso habíamos perdido la posibilidad de vivir en esa comunión y armonía con Dios para siempre. Y se introduce en el mundo la enfermedad, el sufrimiento, el dolor y hasta la muerte corporal, que nos cuesta tanto aceptar todavía hoy, porque no estaba en los planes originales de Dios, no es del todo «natural». Si nos resulta un desgarrón perder a las personas que queremos, si para algunas personas acercarse al trance de la muerte es dramático, es porque realmente eso no estaba en nuestro ADN, no estaba en el ser humano tener que morirse, todo es consecuencia de aquel pecado original.

En resumen, que al principio del mundo Dios lo había creado todo bien, y que los seres humanos —¡desde los primeros que existieron!— ofendimos a Dios con nuestros pecados. Todos los males que ha habido después en el mundo proceden de nuestros pecados personales y de aquel pecado original. Es como si Dios hubiera creado un reloj con una maquinaria perfecta, en la que cada engranaje estaba exactamente armonizado con los demás para que diera siempre la hora en punto, y uno de esos engranajes —el ser humano— hubiera quedado dañado o doblado... Aunque seguramente esa no era la intención de Adán y Eva, la broma ha dejado «tocado» a todo el reloj... Sigue siendo una maquinaria formidable, de una belleza excepcional, pero como estos relojes que se atrasan unos minutos cada día porque ya no funcionan como al principio...

Si en el mundo hay agresividad, violencia, muerte, enfermedad, mentiras, división..., todo eso tiene un origen común, que son nuestros propios pecados y ese estado de desorden en el que el mundo quedó desde el pecado original. El relato del Génesis, aunque no haya que entenderlo literalmente —eso solo lo hacen las sectas fundamentalistas, como los testigos de Jehová—, contiene verdades muy sólidas y muy importantes.

Estas reflexiones pueden ayudarte a pensar que lo de cometer pecados no es ninguna tontería: si de un solo pecado original han venido tantos males al mundo, ¿puedes imaginarte cuántas consecuencias tendrán los cientos o miles de pecados que cometemos tú y yo? Es como para pensarlo.

Jesús lloró (Lucas 19, 41; Mateo 23, 37)

Hay gente que piensa que Dios —si de verdad existe— es algo o alguien muy lejos de nosotros, tan apartado del mundo que ni nos conoce personalmente ni le importa nada. Esta idea de un Dios lejano e impersonal se extendió mucho en Europa por influencia de los ilustrados del siglo XVIII. Para los masones, por ejemplo, Dios es solamente un «gran arquitecto universal» al que puedes llamar Yavé, Alá o como te guste, porque no lo conocemos bien, así que da igual... Cuando el filósofo Kant enseñó ética en su libro *Crítica de la razón práctica,* propuso que organicemos nuestra vida como si Dios no existiera: basta la buena voluntad, que intentemos que nuestro comportamiento pueda servir como modelo para los demás... Quienes piensan de esa manera entienden que Dios se ha desentendido de nuestro mundo —es como un relojero que puso en marcha el cosmos y se marchó—, que nuestra vida es irrelevante para Él. Ya no habría que hablar de agradar a Dios o cometer pecados, sino simplemente llamar a nuestras acciones correctas o incorrectas, adecuadas o inadecuadas, en función de nuestros criterios racionales.

Pero eso no es así. Lo que nos dice la Biblia sobre Dios es que a Dios le llegan todas nuestras acciones, que todo lo nuestro le importa. Este pasaje de la Escritura puede ayudarnos a entender el pecado. Cuenta que Jesús estaba ya cerca de Jerusalén

—donde tendría lugar la Pasión unos días más tarde— e iba llegando para él el momento de despedirse de los suyos. Viendo la ciudad de Jerusalén desde aquella colina, se echó a llorar, para asombro de los que estaban con Él: ¿lloraba el mismo Jesús que caminó sobre el mar, que devolvió la vista a un ciego y multiplicaba panes y peces?, ¿ese Jesús que hizo milagros, que se mostró fuerte y valiente frente a los fariseos, ahora se lamentaba entre lágrimas por la gente de Jerusalén? Así es, y todavía se conserva el lugar donde ocurrió esto, que se conoce como «capilla Dominus Flevit», o sea, donde el Señor lloró. Dice el Evangelio que Jesús dijo: «Jerusalén, Jerusalén, ¡cuántas veces he intentado reunir a tus hijos como una gallina a sus polluelos... pero no habéis querido!», y esto le hacía sollozar.

Este asunto es muy significativo. Cuando queremos a una persona, todo lo de esa persona nos afecta. Si a ti no te saluda alguien cuando vas por las calles de una ciudad, y ese alguien es un desconocido para ti, te da igual... ¿Qué más te da si te saludan o no te saludan los desconocidos? Pero, si quien se niega a saludarte y se cambia de acera para no cruzarse contigo es un compañero de trabajo o un vecino, lo normal es que pienses que qué mosca le habrá picado a ese o qué le habrás hecho para que haga eso... Y, si quien decide no hablarte es tu propio hermano o tu hijo o tu madre..., entonces te angustias y piensas: «Qué tengo que hacer para resolver esto»... ¿Por qué nos afecta de manera distinta cómo se comporten los demás con nosotros? Porque, cuanto más queremos a alguien, más nos importa; más nos llega al corazón todo lo suyo, hasta el punto de que, por ejemplo, para una madre lo que piensen sus hijos sobre ella, o lo que diga su marido a otras personas sobre ella, le llega al alma, le afecta profundamente...

Creo que esto nos ayuda a caer en la cuenta de lo que significa nuestro pecado para Dios. Si él realmente no nos quisiera, si no le importáramos, si en el fondo se hubiera desentendido de nuestro mundo, entonces nuestros pecados no le afectarían, pero no es así... Tenemos un Dios que es demasiado bueno: «un hombre tenía dos hijos», ¿recuerdas? Tenemos un Dios tan bueno que quiso venir a nuestro mundo y compartir con nosotros nuestros padecimientos. Quiso experimentar el frío, el calor, el cansancio, el sufrimiento, la traición... y todo esto porque nos quiere, porque le importamos.

Por eso, en este pasaje leeréis que Jesús viendo la ciudad rompió a llorar: la frialdad y el desprecio de aquellas personas le dolió, le entristeció. Si cada vez que ofendo a Dios con mis pecados me diera cuenta de que puedo ser un dolor para Él, seguramente no cometería tantos. Si cayera en la cuenta de que mi vida puede ser un gozo o un sufrimiento para Jesucristo, seguramente me la tomaría más en serio.

Que ninguno se endurezca (Hebreos 3, 13)

Tienes aquí un tercer pasaje que puede servirte para este momento de oración. Dice el autor de la Carta a los Hebreos: «Exhortaos unos a otros para que ninguno se endurezca». Endurecerse es un pecado grave y es el pecado en el que podemos caer quienes llevamos años al servicio de Dios en la Iglesia, participando de la vida cristiana.

¿Qué es endurecerse? Es volverse insensible. Es que a uno ya le da igual si Dios le ama o no le ama y si para Dios son un dolor mis pecados o no lo son: eso es endurecerse. Una persona endurecida es alguien que se ha vuelto impermeable ante el amor, y ese es un pecado tan peligroso y tan grave, que seguramente sería mejor tener otros, como la pereza o la gula. El alma endurecida es el alma soberbia. Es la impiedad. Es vivir como si Dios no existiera.

Dios dijo a través de un profeta: «Arrancaré vuestro corazón de piedra»[1]. ¿Tenemos un corazón de piedra? Pues a veces sí: cuando vemos el sufrimiento ajeno y nos da igual; cuando cometemos pecados aposta, a sabiendas de que están mal; cuando —a pesar de que hemos recibido buena formación y distinguimos el bien del mal— todo nos resbala...; cuando contemplo escenas en televisión de gente

---

[1] *Ez* 36, 26.

que está padeciendo hambre o la guerra y eso me deja frío, es que se me está endureciendo el corazón. Y eso no es nada bueno. Ojalá conservemos toda la vida la sensibilidad para no ofender a Dios y para no ser indiferentes ante quienes padecen. Dice un evangelista que los seguidores de Jesús no habían entendido todavía lo de la multiplicación de los panes «porque estaban endurecidos sus corazones»[2], de manera que incluso a los apóstoles les pudo ocurrir esto...

¿Cómo puedes hacer esta meditación sobre el pecado? ¿Te ha llamado la atención el pasaje del pecado original? ¿O aquel otro en el que el Señor lloró? ¿También estos otros versículos en los que se habla del endurecimiento del corazón? Detente en el que te haya ayudado más a descubrir la fealdad de tus propios pecados.

Quizá pueda ayudarte recordar cómo ha sido tu vida, y hacer un examen de conciencia trayendo a la memoria cómo has vivido hasta el momento presente. No te preguntes solamente si has asesinado, robado o cometido adulterio —que lo normal es que eso no haya sucedido, o haya ocurrido pocas veces...—, sino piensa también qué hay en tu vida de egoísmo, de arrogancia, de desobediencia a los planes de Dios, de ingratitud después de tantos bie-

---

[2] *Mc* 6, 52.

nes recibidos, de desconfianza en Dios o en las personas que tienes más cerca...

Si somos sinceros y humildes, reconoceremos que en nuestra vida no es que haya bastantes, es que hay muchos pecados. ¿Y cómo es posible que nos hayamos atrevido a tratar tan mal a un Dios tan bueno? ¿Cómo hemos podido rebelarnos contra quien es nuestro Padre?

«Mi herencia, que me largo» (Lucas 15, 11-32)

El último pasaje que te propongo es, de nuevo, el de aquel hijo pequeño de la parábola: se marchó de casa y derrochó en prostitutas los bienes que le había dado su padre.

¿Cuál es el pecado de este hijo pequeño? Varias cosas: en primer lugar, ha despreciado a su padre. Decirle «dame la herencia que me corresponde» significa decirle: «Tú no me interesas nada. Lo único que me importa de ti son tus cosas». Se recibe la herencia de los padres cuando han muerto. Pedir la herencia cuando los padres todavía viven es como preguntar: «¿Por qué no te mueres ya para que me den lo que me corresponderá?». Eso es una canallada, es una crueldad, y este es el primero de los pecados graves del hijo pequeño. Además, este hijo quiere disfrutar de las cosas de su padre lejos de su padre. El padre le daba de todo, en esa casa tenía todo lo que necesitaban para compartirlo juntos. Pero el hijo se lo quiere llevar: quiere disfrutarlo él solo.

También nuestros pecados consisten en estas dos cosas que vemos en el hijo. En primer lugar, son un desprecio de Dios. Y, en segundo lugar, son querer disfrutar lo que Dios nos da, pero al margen de Dios. ¿Qué es lo que Dios nos da? Nos da la salud, nos da juventud, inteligencia, nos da la sexualidad. También nos da bienes materiales, sitios para visitar, personas que hemos conocido... Todo eso son los bienes que hemos recibido de Dios y que el Señor quiere que disfrutemos en un contexto muy determinado, que es el de vivir «como hijos suyos». Cada uno en su vocación, cada uno según su estado, pero todos los bienes que hemos recibido son para disfrutarlos unidos a Dios y conforme al plan de Dios.

¿Qué es el pecado? Querer disfrutar las cosas de Dios al margen de Dios. Es como decirle: «Mira, por mí, como si te mueres, porque lo único que me interesa de ti es lo que me das, lo que puedo sacar de ti».

Como los de este hijo de la parábola, también nuestros pecados han significado un derroche. Hemos perdido mucho tiempo, hemos tirado dinero, hemos desaprovechado oportunidades que Dios nos ha dado... Todo eso es el pecado, es tirar por la borda los planes que Dios tenía pensados para nosotros y eso es tristísimo. Hay personas que solamente al final de su vida llegan a darse cuenta de cuánto han desaprovechado los dones de Dios y se lamentan. Ojalá que todos nos arrepintamos, de verdad, de todo lo que hayamos podido disgustar al Señor, pero cuanto antes, mejor... Cuanto antes nos demos cuenta, antes podremos volver a la casa del Padre. Tienes todavía unos años o unos meses por delante: no desaproveches más el tiempo, no tires más los regalos que Dios te ha dado, vuelve a la casa del Padre, vuelve a reconciliarte con Dios y a poder disfrutar de todo. Que lo disfrutemos todo con Él y a su manera, con Él y a su modo: eso es lo que desea el Señor de nosotros.

Este hijo volvió a casa cuando se le habían agotado los bienes y estaba ya comiendo bellotas, como los cerdos. A veces, cuando nos dejamos llevar por las tentaciones, terminamos haciendo muchas tonterías y viviendo un poco como animalitos: hay personas que viven como perros en celo o como cerdos en su pocilga, y esto es porque el pecado nos embrutece, nos deshumaniza, nos estropea como personas. No es solo que hagamos daño al Señor, es que a nosotros mismos nos pervierte. Una persona que se deja arrastrar por sus pasiones, las que sean —codicia, envidia, mentira, robo, lujuria, pereza...—, es una persona que no va a ser mejor, sino al revés. Se va a embrutecer, se va a estropear, se va a pervertir. Es triste y esto es lo que más le hace sufrir al Señor. Lo que más le duele de nuestros pecados no es que nos hayamos saltado una norma, un mandamiento, una ley: es que Él desea nuestro bien mayor y sabe que los pecados nos destruyen, nos destrozan.

Con algunos pecados, esto está clarísimo. Por ejemplo, la persona que deliberadamente termina cayendo en adicciones, como la ludopatía, la droga o el alcoholismo, se termina estropeando, termina destruyendo el ambiente a su alrededor, termina deshumanizándose... Pero no nos hagamos ilusiones, esto no ocurre solamente con esos pecados tan evidentes, sino que sucede de alguna manera con todos, ¿o es que no se estropea como persona el que se acostumbra a mentir?, ¿o es que no se degrada el que es infiel a sus promesas matrimoniales, o aquel que se olvida de los suyos, o el que vive envidiando lo que no tiene?

Todos los pecados nos dañan, nos corrompen. Nos puede ayudar hacer ese examen de conciencia y prepararnos para una buena confesión. Antes incluso de confesarte, puedes ya decirle al Señor por dentro: «Siento mucho haber estropeado los planes que tenías para mí, siento mucho haber hecho daño a otras personas, haber desaprovechado algunos años de mi vida, haber sido ingrato e injusto contigo». Hoy mismo, después de tu rato de oración y tu examen de conciencia, puedes rezar un acto de contrición, que es esa oración que comienza diciendo: «Señor mío, Jesucristo, Dios y hombre verdadero...»; o aquella otra que dice: «Yo confieso ante Dios todopoderoso y ante vosotros, hermanos...». Si no las recuerdas, puedes encontrarlas en internet. Una sola oración de estas, bien rezada, con humildad y con sinceridad, tiene mucho valor. Después, si quieres, puedes apuntar tu examen de conciencia y guardarlo en un sitio donde no te lo vaya a ver nadie, para cuando puedas acercarte a confesar. De esta manera, al leerlo te acordarás bien de todo y te dará menos vergüenza decirlo.

La conclusión de todo esto que hemos visto es la siguiente: no nos escondamos de la mirada de Dios. Ese fue otro torpe pecado de Adán después de desobedecer a Dios en el paraíso: después de desobedecerle y de morder la fruta prohibida, al pasar Dios por el paraíso, Adán se escondió detrás de unos arbustos y le dijo: «Es que oí tu ruido y tuve miedo porque estaba desnudo». ¿Recuerdas aquello? ¿Qué le ocurre a Adán? Que no quiere que Dios le vea así. En el fondo, es muy orgulloso y —además de haber desobedecido a Dios— le molesta reconocer que se ha confundido, que se ha equivocado.

También esto nos pasa a nosotros. Es verdad que a veces los sacerdotes podemos ser pesados, pero hay personas que no se acercan a confesar porque les cuesta reconocer la verdad de su vida. En esto, creo que los sacerdotes no tenemos la culpa... Es difícil ser humilde y presentarse delante de Dios, que está presente en su sacerdote, para contarle no nuestros éxitos y triunfos, sino precisamente aquello que nos avergüenza, que nos humilla, que no nos alegramos de haber hecho. Pero, precisamente por eso, tiene tanto valor acercarnos a confesar: porque es un signo precioso de humildad y de sencillez. Solamente el hecho de hacer el esfuerzo de hacer el examen de conciencia y de arrepentirse es algo enormemente positivo. Nos hace mucho bien. Si, además, en la confesión recibimos el perdón de Dios, y todos nuestros pecados desaparecen, y el Señor ya no los recuerda nunca más, y nos fortalece con su gracia, y nos reconstruye interiormente... ¡esto es maravilloso, es excepcional!

No creas que al sacerdote le va a extrañar lo que escuche, porque no vivimos en las nubes: somos hombres de carne y hueso, como todos los demás. Los sacerdotes tenemos también nuestras flaquezas, y tenemos «mucho mundo», el que nos da el confesionario. Así que ningún sacerdote se va a asustar de lo que le digas ni menos aún te va a reñir: te recibirá con los brazos abiertos, como el Padre de la parábola, y en nombre de Dios te dará el perdón para todos tus pecados. Y recibirás la gracia, la gracia que te fortalece, que te devuelve la paz y la alegría, que te reconcilia con Dios, que hace que puedas vivir en una armonía mayor contigo mismo, con tus prójimos, con el mundo que te rodea...

La confesión nos devuelve al estado en el que estábamos recién bautizados: con el alma limpia y con la gracia santificante, que es la presencia de Dios en nuestro corazón. Si tenemos vergüenza de algo, debe ser vergüenza de ofender a Dios, no de confesarnos; que cuando me entren tentaciones, piense: «No, por Dios, ¡qué vergüenza!, ¡cómo voy a hacer esto!, no, no, ¡qué bochorno!, ¡de ninguna manera!»… Vergüenza solo para pecar, pero para confesarnos, ninguna. Así que no te escondas de Dios como Adán… Sal de detrás del seto y preséntate ante Él con humildad, con sinceridad… y quedarás como nuevo.

Hay un episodio en la historia que no me resisto a contaros porque me parece que nos hace mucho bien recordar.

La santa que vio a Jesús

Sucedió en el año 1675 en una localidad francesa que se llama Paray-Le-Monial, cerca de Lyon. Hay en ese pueblecito un convento de religiosas de la Visitación y, entre ellas, había una que se llamaba Margarita María de Alacoque. Esta monja, que está canonizada porque era muy buena —santa Margarita—, recibió apariciones del Señor. Esto no suele ocurrir todos los días, a mí no me ha pasado jamás, pero a veces sucede: hay santos que reciben una visita del Señor o de la Virgen… Y el Señor se le apareció de una manera asombrosa, con el Corazón que le sobresalía del pecho.

Ese Corazón de Jesús estaba vivo. Ese Corazón era ardiente, por eso salían llamas a su alrededor. Ese Corazón era sensible y delicado, como es nuestro corazón humano. Y estaba rodeado por una corona de espinas. Y en ese Corazón —en la parte de arriba— había una cruz. Y Jesús, señalando su Corazón, le dijo a Margarita esta frase tan conmovedora: «Mira este Corazón que tanto ama a los hombres, que no se ha ahorrado nada hasta extinguirse y consumirse para demostrarles su amor, y en reconocimiento no recibo de la mayoría sino ingratitud». La primera vez que escuché esto me estremecí, porque pensé: «¿En serio que entonces mis pecados le llegan a Dios al corazón?». Pues sí, como esa corona de espinas que estaba rodeando el Corazón de Jesús cuando se apareció a santa Margarita, puedo ser a veces un motivo de dolor para Jesucristo.

Ojalá que la meditación de este misterio del pecado nos ayude a caer en la cuenta de que no estamos jugando, que la vida no es un juego como niños en un parque, sino que todo lo que hacemos es relevante, decisivo para el Señor. El P. Mendizábal —a quien ya he citado— nos dijo que una vez él estaba pensando cómo explicar esto, cómo ayudar a la gente a entenderlo... Y le vino a la mente una imagen perfecta viendo una proyección en el salón de actos de un colegio. Era una de las primeras proyecciones que había en España sobre una cirugía cardíaca. Los espectadores tenían los ojos fijos en la escena y —casi conteniendo la respiración— se daban cuenta de que las manos del cirujano que sostenían el bisturí podían curar la patología del convaleciente, pero también podían dañarle... Un mal movimiento, un mal gesto, podría ser letal para ese paciente... En ese momento, el padre cayó en la cuenta de algo impresionante que hasta entonces no sabía cómo formular con palabras, y es esto: que nuestra vida es una operación a corazón abierto en el Corazón de Jesucristo... Todo lo que hacemos, lo que decimos, lo que pensamos, lo que deseamos, todas las acciones de nuestra vida... Dado el amor que Él nos tiene, son tan relevantes para Él como si nosotros fuéramos ese cirujano que sostiene el bisturí y que tiene en sus manos el Corazón abierto de Jesucristo.

Ojalá el Señor nos conceda la gracia de no ser nunca un dolor para Él, de vivir de tal manera que Jesucristo pueda estar muy contento con nosotros, y que así hagamos mucho bien a los demás. Ojalá el Señor nos conceda la gracia de vivir como hijos suyos, de ser para Él un gozo, un consuelo para Jesucristo.

5. LA OTRA CARA DE LA MONEDA
Misericordia

Las monedas tienen dos lados, anverso y reverso, que llamamos cara y cruz. No vemos la moneda completa hasta que no la miramos desde esos dos puntos de vista, desde esas dos perspectivas complementarias.

Hay aspectos de nuestra fe que también tenemos que ver desde varios ángulos o perspectivas diferentes. Uno de ellos es el misterio de Cristo Crucificado. Por un lado, como veíamos en la anterior meditación, la cruz de Jesús es la prueba más evidente de que podemos hacer daño al Señor: de alguna manera, nuestras culpas añaden espinas a su corona y participamos en esa terrible Pasión que llevó a Jesús a morir clavado en el madero. Su Pasión nos muestra «hasta dónde somos los hombres capaces de disgustar a Dios». Pero, como las monedas, podemos ver este mismo misterio desde otra perspectiva: la muerte de Jesús el Viernes Santo muestra simultáneamente «hasta dónde nos ama el Señor», hasta qué extremo de paciencia y humildad ha llegado Jesucristo, hasta dónde llega su misericordia con nosotros.

En estas próximas páginas vamos a profundizar en este aspecto: la misericordia entrañable del Señor con nosotros. Hemos visto cómo nos portamos nosotros con Él. Ahora veremos cómo actúa el Señor con quienes somos débiles y pecadores, cómo responde a nuestra ingratitud, cómo reacciona ante nuestros pecados.

Oveja boba (Lucas 15, 4-7)

Hace años fui párroco rural: estoy familiarizado con los paisajes de Pelayos de la Presa, Rozas de Puerto Real y Cenicientos porque allí pasé casi 13 años maravillosos. En una ocasión pregunté a un pastor cómo son exactamente las ovejas, porque me picaba la curiosidad de saber por qué Jesús las puso como ejemplo varias veces en el Evangelio, y por qué Él se presenta como Buen Pastor, y por qué las distingue de las cabras en el Juicio Final... Me encantó la respuesta: este pastor me contó que las ovejas «son buenas, pero bobas» y su explicación me resultó muy interesante... Las ovejas son inofensivas —no atacan, no ladran, no engañan a nadie—, pero se despistan con facilidad, no recuerdan el camino de vuelta a casa, y por eso hay que llevarlas siempre juntas —en rebaño— y hay que protegerlas, por si se acerca un lobo que las podría destrozar. Son tan torpes las ovejas que, si una se ha girado y está distraída cuando el rebaño se marcha, al darse la vuelta y ver que no están sus compañeras, comenzará a buscarlas corriendo en cualquier dirección..., y eso hace que pueda perderse con facilidad, o dirigirse a un acantilado, o enredarse con la lana entre las zarzas...

Creo que Jesús nos puso la parábola de la oveja perdida en el Evangelio porque es así como mira nuestros pecados. Este fragmento del Evangelio esconde una enseñanza preciosa sobre la misericordia del Señor... Un hombre que tenía 100 ovejas perdió una. De modo que todavía conserva la inmensa mayoría —podríamos decir que el balance era muy positivo— y, sin embargo, dejó las 99 ovejas restantes para buscar la que se le había perdido.

Si pensamos con un criterio matemático o empresarial, podríamos llegar a la conclusión de que ese pastor no es razonable: es absurdo asumir riesgos, salir de nuevo al campo a buscar a esa oveja cuando uno conserva el 99% de sus recursos y esa oveja se ha perdido por su propia culpa... Pero el Señor no actúa con estos criterios, sino que Él nos ama de manera entrañable y por eso cada uno de nosotros somos necesarios para Él.

Él es como una madre que tiene muchos hijos, a la que no le consolaría que le dijeran que perder uno no le hace perder toda la familia, que no pasa nada por perder a un hijo. Cuando una madre quiere mucho a sus hijos, cada hijo tiene para ella un valor casi absoluto. Pues así somos cada uno para el Señor. Que una persona se pierda es un dolor para Jesucristo y Él nos quiere tanto que hace mucho por cada uno, hace todo lo que puede —arriesga por cada uno— para llegar a nosotros y para que no nos perdamos definitivamente.

¿Te has fijado en que, cuando el pastor encontró su oveja perdida, no la pegó con su bastón ni la castigó sin cenar ni se quejó de ella por haberle hecho perder tiempo, sino que la cargó sobre sus hombros y se la llevó de vuelta a casa? Así es como llevó Jesús después la cruz hasta el Calvario: Él carga sobre sus hombros contigo y conmigo, que somos su cruz, su oveja perdida, sin queja alguna.

No sé quién es ese hombre (Lucas 22, 60)

Es el pasaje que cuenta que Pedro, apóstol de Jesucristo y amigo suyo, en la noche del Jueves al Viernes Santo —el inicio de la pasión— actuó con gran cobardía. Habían arrestado a Jesús y lo habían llevado a un calabozo. Pedro se acercó a ver si veía algo. Le reconocieron y le preguntaron si era seguidor suyo, y él respondió tres veces que no le conocía, que no tenía nada que ver con Jesús. Se desvincula del Señor, pretende que nadie le asocie a Él, quiere salvarse de ser arrestado con el Señor y para eso miente y reniega. Y dice el Evangelio que Jesús salió del pretorio, pasó por aquel patio donde estaba Pedro calentándose con los soldados en unas brasas y le miró. No sabemos exactamente cómo miró Jesús a Pedro, pero sí sabemos que esto le hizo llorar, arrepentirse y dolerse de haberle traicionado.

Vamos a pensar en esto despacio. Todos tenemos el sentido de la vista, salvo que uno lo haya perdido, naturalmente. Y con la vista, con los ojos, vemos la realidad: vemos las cosas y vemos a las personas. Pero no es lo mismo la vista que la mirada. Uno puede ver todo lo que le ponen delante. Pero, cuando decimos que alguien está mirando a otra persona, estamos diciendo que dirige a ella sus ojos con algo —bueno o malo— en el corazón. Mirar a alguien se hace con algún motivo, de una manera concreta. Por ejemplo, podemos mirar a uno con admiración o con indiferencia; se puede mirar a alguien con indignación o con sorpresa; hay también miradas de ternura, miradas lascivas, miradas de odio... ¿Cómo miró Jesús a Pedro, para que Pedro —sin desesperarse ni hundirse totalmente— se arrepintiera de sus negaciones?

Esa mirada de Jesús nos interesa mucho en esta meditación y en este rato de oración que tendremos ahora, porque esa es la mirada con la que el Señor nos mira también a nosotros, pecadores, y la mirada que a uno le permite volver a empezar, rectificar los pasos equivocados que ha dado en su vida.

Si cayéramos en la cuenta del dolor que suponen para el Señor nuestros pecados, pero al mismo tiempo del cariño con el que mira a quienes somos pecadores, eso nos ayudaría a convertirnos y descubrir esa mirada sería una gracia extraordinaria.

Santa Teresa cuenta que se convirtió en la edad adulta por la mirada de Cristo que descubrió en la talla de un Cristo muy llagado, que se conserva en el Monasterio de la Encarnación de Ávila. Y nos aconseja que hagamos eso mismo: «Esté allí con Él, acallado el entendimiento. Si pudiere, ocuparle en que *mire que le mira*».

«Mire que le mira» nos aconseja... ¿Qué quiere decir? Que, viendo esa mirada de Jesús, pidamos la gracia de caer en la cuenta de la misericordia con la que somos tratados por Él, como a san Pedro tras las negaciones.

La primera piedra (Juan 8, 3-11)

Otro episodio impresionante del Señor es su encuentro con la pecadora pública. Los fariseos han encontrado a una pareja que estaba cometiendo adulterio y entonces agarran a la mujer —por cierto, ¡solo a la mujer!—, se la llevan a Jesús, la arrojan a sus pies y le preguntan al Señor qué tienen que hacer con ella. Moisés había ordenado que fueran apedreadas las adúlteras, como castigo por su pecado. «¿Tú qué dices?», le preguntan a Jesús. Están poniendo al Señor en un compromiso: si Jesús dice que el adulterio es un pecado muy grave y que hay que seguir lo que Moisés ha prescrito, esta mujer hubiera muerto lapidada y ellos habrían convencido a la gente de que Jesús no era «tan buenecito» como la gente pensaba al verle curar enfermos o atender a los niños... Pero, si Jesús dice que conviene ser misericordiosos con quienes son débiles y pecadores, parece que está contradiciendo lo que Dios había previsto en el Antiguo Testamento. Como veis, la intención de aquellos fariseos parece más bien cruel, ¿verdad? Es sorprender a Jesús para que —diga lo que diga— todos se vuelvan contra Él.

El Señor es muy bueno —y, por cierto, muy inteligente— y les da una respuesta extraordinaria, inmejorable, y es que les dice que tire la primera piedra el que esté libre de pecado. Con esta respuesta, por un lado, está reconociendo que el adulterio es un pecado grave, que no es algo que deba darnos igual, que Él no ha venido a traer al mundo un *relativismo* en el que cada uno escoja hacer lo que le dé la gana y ya no haya nada que agrade a Dios y acciones que le ofendan (concretamente, los diez mandamientos prescriben las materias graves, los asuntos importantes del comportamiento humano). Pero, al mismo tiempo, está diciendo también que no se atreva a apedrear a esta mujer quien lleve el peso de sus propios pecados, que quizá no son pecados de este mismo asunto, pero sí sean verdaderos pecados, como los de esa mujer. Dicho de otro modo, no debe atreverse a corregir a esa mujer quien sea culpable de otros comportamientos malos. Y de esa manera los desarma... Con su respuesta, ha dicho que el adulterio está muy mal y ha dicho al mismo tiempo que, teniendo pecados en el corazón, no nos atrevamos a juzgar ni a condenar a nadie...

Dice el Evangelio que uno tras otro —empezando por los mayores— fueron dejando sus piedras en el suelo y se marcharon. Esta expresión es también muy luminosa porque, si nos fijamos, que los mayores sean los primeros que dejan las piedras quiere decir que los mayores —como sucede ordinariamente— son los primeros conscientes de todo el bagaje de su propia vida, de tantos desaciertos, equivocaciones, errores y pecados que han cometido. Quizá cuando somos demasiado jóvenes pensamos que los demás hacen las cosas mal y que nosotros vamos a cambiar el mundo, a arreglar las cosas y a ser un ejemplo para los demás... Y está bien ser idealista cuando uno es joven. Pero, con el paso de los años, uno se da cuenta de que no es mejor que los demás y que hay cosas en nosotros mismos que son una ofensa para Dios y un perjuicio para los otros... Esto nos ayuda a ser más humildes y a no juzgar a los demás, a no mirar a nadie con desprecio.

No temas (Lucas 5, 10)

Dice el Señor: «No necesitan médico los sanos, sino los enfermos. No he venido a llamar a los justos, sino a los pecadores». Jesucristo ha venido al mundo a sanar, no a juzgar, y por eso no debemos tenerle miedo ni huir de su presencia ni siquiera cuando hayamos hecho algo malo. Esto es lo que le ocurrió, como vimos en la meditación del pecado, a Adán, y es que se vio tan indigno, tan pobre, tan desnudo, que se escondió de la mirada de Dios, pero es un error: el Señor no va buscando a los perfectos para colocarles medallas y darles la enhorabuena, sino que es un padre bueno que se compadece de sus hijos más débiles y más pobres.

Con el pecado, como decía el P. Mendizábal, «ni hacer las paces ni perder la paz». Esto significa, por un lado, continuar toda la vida luchando por mejorar nuestros defectos, por corregir nuestros vicios, por superar y enderezar nuestros pecados y nuestras conductas equivocadas: no hacer las paces. Nunca digas: «Es que yo soy así, no voy a cambiar, así he vivido toda la vida, el que me quiera, que me aguante»... No, de eso nada, siempre estamos a tiempo de corregirnos: no hacer las paces con el pecado, no rendirnos en esta batalla, no tirar la toalla como un boxeador noqueado, sino seguir toda la vida tratando de corregir nuestras culpas. Pero añadía después esto otro: «No perder la paz». ¿Y qué es no perder la paz? No angustiarse, no decepcionarse tanto de uno mismo que ya piense que no tengo ninguna posibilidad de cambiar ni una salida en la vida. Eso es falso. Es equivocado pensar que no hay esperanza para algunas personas. Todo tiene solución y todos tenemos posibilidad de convertirnos.

El Papa Francisco también lo expresa con una frase suya muy bonita. Él dice: «Todos los santos han tenido un pasado y todos los pecadores tienen futuro». Que es como decir: nadie nació santo —salvo la Virgen y el Señor—, todos tenemos debilidades, torpezas, equivocaciones, todos los santos han tenido un pasado. Pero también todos los pecadores tienen un futuro —añade—, que significa que todos podemos vivir una vida distinta de la que hemos vivido anteriormente, podemos empezar de nuevo, podemos volver a nacer con la gracia y el perdón de Dios.

Como sabréis los que ya lleváis años en el seguimiento de Cristo, el maligno —el diablo— existe, como nos enseñan la Palabra de Dios y el Catecismo, y tiene la intención de amargarnos la vida y, para eso, alejarnos de Dios. No solamente nos tienta con placeres aparentes o pecados que nos incita a cometer, sino que —después de cometidos los pecados— utiliza contra nosotros un arma que es muy peligrosa y que hace mucho daño: tratar de inducirnos a la desesperación, tratar de hacernos creer que no tenemos solución. Después de que una persona ha caído en un pecado grave, le suele venir el pensamiento de que ha fracasado: «¿Ves? Después de todo lo que has recibido de Dios... Te tendría que dar vergüenza volver a la Iglesia... Nunca más te pongas delante de Dios porque no te lo mereces... Eres un hipócrita»... Después de conseguir que esa persona haya ofendido a Dios, ahora querría el maligno que ya nunca más pueda volver a la amistad con el Señor, que nunca vuelva a reconciliarse con Él. Y esa tentación es más sutil y también más peligrosa que la tentación de los pecados anteriores. Y digo más peligrosa porque está disfrazada de una aparente humildad... Parece que es más «coherente» que, si he sido muy malo, ya no me presente en la Iglesia; que, si he cometido esos pecados, ya no me atreva a mirar a Dios a la cara... Pero no, eso no es humildad: eso es desesperanza y desconfianza en la misericordia infinita del Señor. Jesucristo tiene siempre misericordia con los pecadores. Como nos dice también el Papa Francisco, «Él no se cansa de perdonar». Nunca es demasiado tarde. Acordaos del buen ladrón. Aunque estaba ya en el tránsito de la muerte, Jesús le dice: «hoy estarás conmigo en el paraíso». Nunca es demasiado tarde para volver a empezar. No debemos cansarnos de estar siempre empezando... La misericordia del Señor es la mejor garantía de que nuestros pecados no tendrán la última palabra sobre nuestra vida.

Vamos a tratar de descubrir en alguna de estas escenas que os he propuesto, o en otras que vosotros recordéis del Evangelio, cómo es esa mirada del Señor hacia nosotros. Cuando un hombre ofende a Dios con sus pecados, el Señor le mira con dolor —no es indiferente a nuestra vida—, pero con un dolor que no tiene ningún matiz de rabia ni de deseo de venganza: con un dolor que está lleno de amor. El Señor no nos deja nunca de querer. Y eso significa que, cuanto más grandes hayan sido tus pecados, más grande ha sido la paciencia de Dios contigo y su misericordia; que cuanto más hayas ofendido a Dios hasta el presente, más tolerante y más paciente ha sido él contigo. Ojalá el Señor te conceda hoy la gracia de descubrir cómo te mira, descubrir su misericordia y recobrar la esperanza en que podemos ser santos.

Podemos ser santos, no porque estemos hechos de una pasta especial y seamos mejores que nadie, ¡qué va! Somos torpes, débiles, pecadores, pero tenemos un Dios tan bueno... Dios es tan bueno que no hay ninguna situación que no tenga solución, ninguna persona que no tenga salida.

También esto nos ayuda a descubrir algo que hoy tiene mucha importancia: cómo es la mirada del Señor sobre nuestro mundo. Sobre esto volveremos en algún otro momento de nuestros Ejercicios. Vivimos una época histórica apasionante: el mundo ha mejorado en muchos sentidos y en otros se ha vuelto más complicado o se ha alejado de Dios, pero en todo caso el Señor sigue mirando nuestro mundo con este afecto y esta ternura que vemos en el Evangelio. De modo que nunca os dejéis engañar por quienes ofrecen mensajes un poco apocalípticos o nos dicen que Dios está lleno de rabia y de rencor contra nosotros, y que va a castigarnos de muchas maneras... El Evangelio no suele hablar así de Jesús en su trato con los pecadores, aun con los peores pecadores. Recordad a Mateo, el publicano, que seguramente había hecho muchos negocios ilícitos. Recordad a Zaqueo y cómo le mira Jesús. Acordaos también de esta mujer pecadora pública, del buen ladrón y de las negaciones de Pedro... La mirada que dirige el Señor sobre cada persona y sobre nuestro mundo es siempre mirada de amor y de misericordia.

Ante Jesús crucificado

San Ignacio nos aconseja que terminemos estas meditaciones que hemos hecho sobre el pecado y la misericordia de Dios con un coloquio ante Jesús crucificado. Os animo a que lo hagáis así: que os pongáis ante una imagen del Señor en la cruz. Seguro que cada uno tenéis un crucifijo en casa y, si no, este es un buen momento para comprarlo. Poniéndome ante Jesús crucificado, me pregunto: «¿Qué he hecho por ti hasta ahora, Señor?». Dicho de otra manera: «¿Cómo me he portado contigo?, ¿cómo he sido contigo?». Cada uno de nosotros, con esta pregunta, podemos recordar nuestra historia personal, de aciertos, equivocaciones, también de ingratitudes a veces con el Señor, de pecados... ¿qué he hecho por Cristo?

La segunda pregunta es: «¿Qué hago actualmente por Cristo?». Y aquí puedes pensar delante del Señor cómo le parecerá a él tu vida actual, la de ahora. Si crees que eres un gozo para Jesús o un dolor, qué hay en tu vida que se ajusta al deseo de Dios y qué cosas tenemos que corregir con su ayuda.

Y la tercera y última pregunta es: «¿Qué debo hacer por Cristo?». O sea, ¿cómo debería vivir en adelante contigo, Jesús?, ¿cuál sería el mejor fruto de estos Ejercicios que estoy haciendo?, ¿cómo sueñas que llegue a ser?, ¿qué esperas de mí? Puedes pensar cómo tiene que ser tu vida esta tarde, la próxima semana, el mes que viene, dentro de unos años... para que el Señor esté contento y agradecido, para que el Señor esté satisfecho.

¿Qué he hecho por Cristo?, ¿qué hago por Cristo?, ¿qué debo hacer por Cristo? Y os sugiero, por último, que toméis vuestras notas de todas estas consideraciones que hagáis. Cuando dejes de leer, comienza tu tarea importante en los Ejercicios, que es hacer tu oración en silencio, tu oración personal: ese es el momento en el que debes hablar con Jesús. Y ese es el momento en el que seguramente pasarán por dentro de ti pensamientos, ideas, luces, deseos, que quizá te convenga anotar. ¿Hay algún pensamiento predominante, que aparezca en muchos momentos en tu oración silenciosa? Consígnalo, pon por escrito todas esas cosas que te parezca ir descubriendo en estos Ejercicios, cosas que te parece que el Señor te va aclarando, porque probablemente entre todas esas cosas haya algunas o muchas que el Señor te esté suscitando, que sea el Señor quien te esté comunicando.

¿Qué esperas de mí a partir de ahora, Señor? ¿En qué te puedo ayudar? ¿Cómo puedo corresponderte, después de tanto amor que me has mostrado? ¿Cómo puedo agradecerte todo el bien que me has hecho? ¿Cómo puedo reparar el daño que te he infligido? ¿Qué puedo hacer por ti? Y el Señor, en la soledad del silencio y de la oración, o quizá en alguno de los próximos capítulos, nos irá dando luz a cada uno para ir descubriendo su respuesta.

6. «SANGRE, ESFUERZO, SUDOR Y LÁGRIMAS»

La llamada del Rey

Corría el año 1898. España defendía sus últimas provincias en ultramar: Puerto Rico, Filipinas y Cuba. Los gringos financiaron movimientos insurgentes y, desde nuestra patria, partió una flota de la Armada para tratar de evitar una catástrofe. Cuentan que, cuando ya estaban avistando la costa de Cuba, el almirante Cervera hizo formar en la cubierta del barco a todos los marinos. Y, en medio de un silencio casi absoluto, les dio una instrucción sencilla, lacónica, pero al mismo tiempo muy clara y solemne. Les dijo simplemente: «Clavad la bandera al mástil». ¿Qué quería decirles con esto? Como sabéis, en las Fuerzas Armadas se iza la bandera nacional por las mañanas y se arría por las noches. Pero cuando una flota de navíos se enfrenta al momento decisivo, a una batalla difícil, es el momento de fijar definitivamente la bandera al palo mayor, el momento de clavarla. Con esto se simboliza que esa bandera —por la que aquellos jóvenes se alistaron en la Marina y que habían jurado defender— ya nunca jamás se iba a arriar: que con esa bandera triunfarían en la batalla o naufragarían, pero que jamás cambiarían de bandera.

La meditación que haremos ahora tiene en Ejercicios un significado semejante. Es una invitación a decirle «sí» a Jesucristo no solo por hoy o por esta semana, sino definitivamente. Es una ocasión de unir nuestra vida a la de Cristo para siempre, es hacerle al Señor un regalo, la entrega de la propia vida.

Terminamos la meditación anterior preguntando al Señor: «qué debo hacer por ti»... Hacerle esta pregunta era una forma de brindarle a Él la posibilidad de que nos llame a seguirle y a servirle. Le hemos puesto en bandeja que, si quiere, puede contar con nosotros para colaborar con Él en su misión, la que le ha encargado el Padre. Y esto tiene mucha importancia.

Cristo vino a completar una misión en el mundo —la redención— y Él prolonga su misión en la historia a través de la Iglesia, de la cual nosotros somos miembros. De modo que, aunque nuestra vida sea sencilla, aunque uno no tenga entre manos asuntos importantes de los que dependa —qué se yo— la paz mundial..., sin embargo, podemos desde nuestra situación colaborar con Cristo en su obra redentora, en la salvación del mundo. A eso es a lo que nos hemos ofrecido cuando le hemos dicho: «¿Qué puedo hacer por Ti, Señor?».

En la meditación que hacemos ahora y que nos propone san Ignacio, entendemos que nos llega una cierta respuesta del Señor a este ofrecimiento que le hemos hecho. Esta meditación se ha llamado tradicionalmente «llamada del Rey», porque Cristo —Rey eterno y universal— nos llama para contar con nosotros. Aunque nos conoce muy bien, conoce nuestros pecados, nuestras debilidades y todo aquello de lo que nos hemos confesado o nos vamos a confesar, sin embargo, desea que permanezcamos a su lado como amigos suyos y que colaboremos con Él en la obra de salvar el mundo.

Reflexionaremos, en primer lugar, sobre la llamada que nos hace el Señor, sobre este hecho incontestable de que Dios quiere contar con la colaboración de los hombres en su plan de salvación universal. Y, en un segundo momento, pensaremos qué respuesta le vamos a dar cada uno al Señor.

¡Señor, que escuche bien tu llamada!

Con frecuencia, antes de las meditaciones, san Ignacio nos propondrá una petición de entrada, es decir, el fruto que deseamos conseguir y que le pedimos al Señor que nos permita alcanzar. Pues bien, en esta ocasión, antes de comenzar, pediremos al Señor que nos conceda «no ser sordos a su llamamiento, sino prestos y diligentes».

¿Y por qué le pedimos esto al Señor? Seguramente, la mayoría de nosotros no tenemos problemas de oído ni llevamos audífonos, pero hay una sordera que no es la sordera del oído, sino la sordera del corazón, y esa es la que hemos de evitar a toda costa. La sordera interior consiste en «no querer escuchar», no tener interés en que el Señor nos hable... Esa sordera del corazón desgraciadamente sucede y, además, con el paso de los años puede terminar volviéndose crónica...

Al pedirle esto, le estamos pidiendo al Señor que pasemos de ser meros espectadores en la obra de la Iglesia —en la obra de la salvación— a ser con Él protagonistas del Evangelio. Es decir, que pasemos a ser como sus primeros apóstoles y discípulos, colaboradores suyos en esta misión que Él tiene de llevar la salvación al mundo.

Sobre esta petición de un corazón que no sea sordo, puede ayudaros leer alguno de estos pasajes de la Escritura:

Por ejemplo, Dios llamó a Samuel cuando era apenas un muchacho, y él estaba despierto y atento, y por eso se dio cuenta de que alguien le estaba llamando[1]. Al principio pensaba que era el sacerdote del templo, pero al final este sacerdote le dijo que no era él y que, cuando se repitiera, respondiera a esa llamada: «Habla, Señor, que tu siervo escucha». Es precioso porque, cuando uno tiene los oídos abiertos y el corazón bien dispuesto, el Señor suele hablar y suele hablar con claridad y con nitidez. A veces se escucha a gente decir: «Es que a mí Dios no

---

[1] Cfr. *1 S*, 3.

me habla»... Bueno, puede ser que en algún momento de la vida nos cueste más escuchar su voz, pero también puede ser que no es que Él no hable, sino que no tengamos tiempo para escucharle, o que no tengamos interés, o que estemos tan pendientes de escuchar otras cosas, que al final no distingamos su voz de tantos ruidos que hay en la mente o en el corazón.

También nos puede resultar útil el pasaje del rey Salomón, que era hijo del rey David y comenzó siendo un rey extraordinario. En su coronación como rey, Dios le dijo: «Pídeme lo que quieras» y él, en lugar de pedir dinero, éxito o riquezas, lo que pidió es que le diera un corazón capaz de escuchar[2]. Algunas biblias lo traducen como un corazón sabio, pero la sabiduría y prudencia hacen referencia a esta capacidad de permanecer atento a lo que Dios quiere y también a lo que los prójimos necesitan. A Dios le agradó mucho esta petición y se lo concedió, y fue un rey profundamente sabio y prudente, aunque después lo estropeó, pero ese es otro asunto...

También puede ayudaros el pasaje de la Anunciación a la Virgen[3]. La Virgen le dijo al ángel: «Aquí está la esclava del Señor, hágase en mí según tu palabra». La Virgen es el mejor modelo de escu-

---

[2] Cfr. *1 R* 3; *2 Cro* 1, 7-12.
[3] Cfr. *Lc* 1, 38ss.

cha. Es la persona que con más atención ha procurado descubrir la voluntad de Dios, ha atendido a su llamada y la ha cumplido con obediencia. La Virgen es el prototipo por excelencia para quienes queremos de veras colaborar con Cristo, los que queremos atender a su llamada.

«Mi anhelo es conquistar el mundo entero»

San Ignacio pone en labios de Cristo unas expresiones que no aparecen así, literalmente, en el Evangelio, pero que son muy audaces y muy hermosas. No es que san Ignacio se las invente, sino que él ve cómo llamó Jesús en su tiempo a los apóstoles y a otras muchas personas, y actualiza en sus circunstancias esta llamada del Señor. Lo que expresa esta llamada es una verdad de fe y es que —como dice san Agustín— «Dios, que te creó sin ti, no te salvará sin ti». Es decir, que Dios cuenta contigo, que Dios espera tu colaboración, que Dios quiere que tú le ayudes en tu propia salvación y en la salvación del mundo.

¿Cuál es entonces la llamada que hace el Señor?

«Mi voluntad es conquistar todo el mundo y todos los enemigos, y así entrar en la gloria de mi Padre; por tanto, quien quiera venir conmigo, ha de trabajar conmigo para que, siguiéndome en la pena, me siga también en la gloria»[4].

---

[4] *Ej.* 95.

Sería precioso que hoy la escucháramos en nuestros oídos y en nuestro corazón, dirigida a nosotros por el mismo Señor Jesucristo.

Él nos llama a todos y a cada uno en particular, no solo a la humanidad en su conjunto —como si fuéramos un hormiguero de hormigas idénticas—, sino a cada uno personalmente. Él te conoce y te quiere. Y además de tener misericordia contigo, quiere contar contigo para que le ayudes en la misión que Él está cumpliendo en el mundo.

Cuando dice: «Mi voluntad es conquistar el mundo entero», no entendáis que el Señor viene a conquistar con tanques, alambradas o armas de destrucción masiva. No, no tiene nada que ver con esto. La palabra *conquistar* puede entenderse de otra manera. Un joven enamorado de una mujer desea conquistarla, cuando quiere suscitar amor en su corazón, cuando quiere ser suyo y entregarse a ella con amor. Cristo es conquistador, ciertamente, pero más bien de esta manera: desea conquistar por amor el alma de todas las personas del mundo. Y cuando dice «mi voluntad», entendemos que está expresando un deseo profundo de su corazón, un anhelo que Él lleva dentro y que tiene una ilusión grande en que se cumpla.

Dice «... conquistar el mundo entero». Hoy en día se ha extendido una idea equivocada, según la cual, todas las religiones tendrían el mismo valor. Hay gente que piensa: «Al final, todos vamos a ir al cielo... Por tanto, da igual que la gente sea cristiana, que tenga otra religión o que no tenga ninguna», pero esa idea no aparece en la Biblia por ningún sitio. Más bien, al revés... Jesús dice: «Id al mundo entero y predicad el Evangelio. El que crea se salvará, el que se resista a creer se condenará»[5], y en otro pasaje dice: «Sin mí no podéis hacer nada»[6]. Por eso, el libro de los Hechos de los Apóstoles dice: «En ningún otro hay salvación»[7], y san Juan escribe: «El Padre envió al Hijo al mundo para ser el Salvador del mundo»[8].

De modo que el Señor —que ha hecho el esfuerzo grande de encarnarse y de morir en la cruz por nosotros— está deseando que todo el mundo conozca su amor y que no haya ninguna persona, ninguna familia, ningún pueblo ni nación que se quede sin descubrir con cuánto amor es amado por Dios. Esto, como veis, tiene una gran trascendencia: ¿Por qué se han jugado la vida durante siglos tantos misioneros? ¿Por qué han muerto tantos mártires en lugar de renegar de la fe? ¡Porque querían vivir con coherencia su fe, no avergonzarse de Cristo y llevarlo a todas las personas que pudieran! Esa es la ilusión de los santos, la de los mártires, la

---

[5] *Mc* 16, 15-19.
[6] *Jn* 15, 5.
[7] *Hch* 4, 12.
[8] *1 Jn* 4, 14.

de los misioneros: colaborar con que el amor de Cristo conquiste el mundo entero.

Esto tiene también mucha trascendencia para despertarnos de una cierta modorra espiritual... Si una persona pensara: «Bueno, yo ya soy cristiano, me he confesado, ahora no cometo pecados graves. Por tanto, tengo mi salvación asegurada...», esa persona tendría unas miras tan estrechas, tan cortas, tan mezquinas, que no sería digno del nombre de cristiano. Un cristiano es una persona que ha escuchado que el Corazón de Cristo tiene ansias ardientes de salvar toda la humanidad, de llevar todas las almas al cielo, de que quienes viven en el pecado se conviertan y que quienes no han descubierto su amor, por fin, lo descubran en Jesús crucificado.

Así que no sirve en esto pensar, como Juan Palomo, «yo me lo guiso, yo me lo como»: trataré de no hacer muchas cosas mal y así me iré al cielo... ¡Que te lo has creído! Si has sido redimido por la sangre de Cristo, has sido también llamado a ser colaborador de la redención con Cristo. Estás llamado a que —en tus circunstancias, no se trata de que nos vayamos todos al tercer mundo— trates de irradiar el amor de Jesucristo; que te ocupes de la formación cristiana de tu familia; que des buen ejemplo en tu trabajo; que hagas apostolado con tus amigos, con tus conocidos y con las personas que Dios te ha puesto cerca; que reces por la salvación de las almas; que colabores generosamente en la misión de la Iglesia con tus bienes materiales y tus sacrificios; que trates de ayudar a quienes viven en la desesperanza para descubrir el amor de Dios; y que te plantees de una vez —si tienes edad de hacerlo— cuál es tu vocación. ¿O alguien había pensado que *santificarse* es preocuparse solo de no cometer pecados mortales? Piensa si —hasta ahora— has acercado a muchas personas a Dios... Si una persona no contribuye a extender el Reino de Cristo, su vida habrá servido de poco: le espera un triste epitafio en su tumba: «Fue una persona con la cual, y sin la cual, el mundo se quedó *tal cual*»... ¡Espero que esos no seamos ni tú ni yo! Tenemos una tarea misionera, hemos recibido esta llamada de Jesucristo: «Mi voluntad es conquistar el mundo entero».

Pero, además, dice la llamada que desea conquistar «a todos los enemigos», y podemos preguntarle: «¿Es que Tú tienes enemigos, Jesús?». Me parece que Jesús, propiamente hablando, no quiere ser enemigo de ninguna persona. Pero imagínate que hubiera alguna persona que se considerara enemiga de Jesucristo o de su Iglesia... Pues, incluso si existe alguien así, también a esos quiere el Señor conquistarles el corazón... Es decir, que hasta a los que quieren darle la espalda al Señor, Jesús los ama y «quiere darles la vuelta como a una tortilla», quiere que terminen siendo también amigos y discípulos suyos. ¡Qué impresionante es esto! El Señor, como veis, no da a nadie por perdido, no se rinde con nadie. Incluso a las personas que quizá tengan un rencor mayor o una rabia más grande contra Dios o contra su Iglesia, el Señor también las quiere, también a ellas las quiere llevar al cielo. Y para eso se servirá de nosotros, que somos sus amigos y que queremos colaborar con él en la salvación del mundo. No hagamos diferencias: de todas las almas, nos interesan todas.

Así que dice: «Mi voluntad es conquistar el mundo entero y a todos los enemigos, y así entrar en la gloria de mi Padre». Él quiere llegar al cielo, la gloria de su Padre, pero no para estar solo con el Padre y el Espíritu Santo, sino para llevarnos con Él a todas las almas: Él quiere que todas las almas se salven.

Es precioso que en el Evangelio aparece en muchas ocasiones que Jesús tiene ansias de redención, ansias de salvar el mundo. Por ejemplo, cuando dice: «He venido a prender fuego en el mundo, ¡y ojalá que estuviera ya ardiendo!»[9]. El fuego del que habla no es —desde luego— el que pone en peligro los bosques: ni que fuera un pirómano, no, no, no. El fuego del que está hablando es ese fuego que santa Margarita María de Alacoque vio que arde en el Corazón de Jesucristo. Es un fuego de amor. Es un fuego que le hace tomarse con emoción y pasión la vida y el destino eterno de cada persona. Y Él

---

[9] *Lc* 12, 49.

desea que este mismo amor que hay en su Corazón llegue a todos, que todo el mundo arda en este mismo fuego de amor, de amor a Dios y de amor al prójimo. El Señor está deseando darle la vuelta a este mundo, que todo lo que hay en él de violencia, de egoísmo, de mentira, todo eso se convierta en alegría, en amor, en interés de unos por otros. Es precioso. Nadie piense que el Señor es un tipo frío, flemático, que ni siente ni padece, al que nada ni nadie le importa... Al revés: Él tiene un Corazón apasionado de amor —como dijo a santa Margarita— y desea comunicarnos ese entusiasmo, esas ansias de amor con las que busca la salvación de todas las almas.

Un Evangelio cuenta que Jesús se reunió con sus apóstoles por última vez en la Última Cena y que comenzó diciéndoles: «Con *gran deseo* he deseado cenar esta Pascua con vosotros»[10]. Así es el Corazón de Jesús: un Corazón con grandes deseos, con afán de llegar a todas las almas. Y una persona que se va configurando con Cristo es también una persona que comienza a arder interiormente en estos deseos: deseos de servir al Señor, de amar a Jesucristo, de corresponder a su amor, deseos de redención, de llevar a Cristo a todas las personas que podamos...

La llamada del Rey termina diciendo: «El que quiera venir conmigo ha de trabajar conmigo, para

---

[10] *Lc* 22, 14-15.

que, siguiéndome en la pena, me siga también en la gloria». Llama la atención que no nos dirige una imposición. ¿Os imagináis que hubiera dicho: «¡Todos, inmediatamente, salid a la calle a hacer misiones!»? Noooo, sino que dice: «El que quiera venir conmigo»... Es una llamada, no una imposición. Es una invitación, pero que no obliga a quien no quiera obligarse.

«El que quiera venir *conmigo*»: fijaos que lo primero a lo que nos invita es a ir con Él, a estar con Él, a participar de su vida, a compartir con Él su vida entera... Es impresionante. La tarea primordial de una persona que desea colaborar con Cristo no consiste en «hacer muchas cosas» —qué sé yo: empezar un periódico católico, dar catequesis en la parroquia, ir por la calle repartiendo folletos—, sino vivir muy unido a Él, estar muy pegado a Él, recibirle en la comunión con frecuencia, recibir su perdón en la confesión asiduamente, escuchar su Palabra, participar de la vida de la Iglesia, hablarle en la oración, rezarle... Lo primero que tiene que hacer uno que quiere colaborar con Cristo es vivir con él habitualmente. No se trata de que salve unos minutos al día —«rezo mis oraciones a toda prisa»— para luego marcharme a lo que de verdad me interesa, que son mis asuntos, mis temas, mis negocios, mis partidos, mis amigos... No, no, es vivir con él todas las circunstancias de la vida: vivir tu trabajo en presencia de Dios, vivir tu relación personal —con tu novio, tu novia, tu marido, tu mujer— en presencia de Dios, vivir también el descanso, las aficiones, los *hobbies*, el día que vas al cine, el rato que pasas escuchando música en el autobús, la mañana que bajas a la compra o cuando llevas a los niños al pediatra, los atascos en el coche, los días de descanso en verano... todas las cosas vivirlas con él, en su presencia, en su compañía.

Y dice después: «Ha de trabajar conmigo» porque, efectivamente, la evangelización del mundo es trabajosa, requiere implicarse, conlleva a veces que a uno le den malas contestaciones y exige subordinar otros gustos, otros planes, otros caprichos...

Impresiona que Jesucristo no nos engaña, no nos presenta su seguimiento como una comedia familiar de Hollywood, de esas películas que ponen los sábados para ver después de comer... Él dice: «Trabajar conmigo para que, siguiéndome en la pena...». Nos anuncia dificultades, sufrimientos, renuncias...

Los lectores de mayor edad quizá recuerden el primer discurso que dio Sir Winston Churchill al ganar las elecciones a primer ministro del Reino Unido. Después de unos años de una política de apaciguamiento del anterior primer ministro, Chamberlain, que no había servido más que para que Hitler se fortaleciera, Churchill tuvo el coraje de ser sincero con sus ciudadanos, y adelantarles que —para que en Europa hubiera libertad y democracia— habría que declarar la guerra a los nazis y que eso conllevaría sufrimientos y penalidades durante años. En aquel célebre discurso en la Cámara de los Comunes de 13 de mayo de 1940, dijo: «Solo puedo prometer sangre, esfuerzo, sudor y lágrimas».

El Señor nos habla de un modo semejante: nos adelanta que seguirle a Él y responder a su llamada no es fácil. ¿Tú estás dispuesto a colaborar con Jesús en la salvación del mundo y estás dispuesto a que esta sea tu prioridad en la vida? Esa es la llamada del Señor.

«¡¡¡Entonces me tengo que meter monja!!!», estará pensando alguna... ¡No, no ha dicho eso! «¿Tengo que entrar al seminario?», tampoco ha hablado de vocación sacerdotal. Lo que ha dicho es que, si quieres, a Él le encantaría que el centro de tu vida —que debe ser Dios para toda persona creada por Él— sea amarle a Él y amar a tu prójimo, implicándote con Cristo en la salvación del mundo. Y esto cada uno en sus circunstancias: el que está casado, en su matrimonio y su trabajo; el sacerdote, en su vida de consagración y en su ministerio; la religiosa de clausura, en su convento; el misionero, en su destino; el niño, en casa y en el colegio; y también el anciano, el enfermo, todos...

Todos podemos ayudar a Cristo en la salvación del mundo sin salirnos de nuestra realidad. Pero ayudarle significa darle un «sí» a su llamada, que compromete y es exigente. Y por eso, en esta meditación hay que pensar bien la respuesta que le vamos a dar.

Huevos fritos con chorizo

San Ignacio nos sugiere dos tipos de respuesta. Él supone que quien ha llegado hasta aquí en Ejercicios es una persona con un corazón noble que tiene deseos verdaderos de agradar a Dios y que siente agradecimiento por todo lo que ha recibido de Dios y por tanta misericordia que el Señor nos tiene. Por eso da por supuesto que —entre nosotros— no habrá nadie que diga «que no cuenten conmigo», sino que habrá respuestas más o menos generosas, pero en todo caso positivas. Y él plantea dos respuestas a esta llamada del Rey, dos respuestas que son buenas y legítimas ambas.

Una de las respuestas es esta: «Todos los que tengan juicio y razón ofrecerán sus personas al trabajo». ¿Qué es tener juicio y razón? Pues que, si recuerdo que mi vida me la ha dado Dios, que estoy aquí de paso, que me reencontraré con Él —cara a cara— el día de mi muerte, que habré de dar cuenta de mi vida, y que después me espera la gloria eterna o puedo perderme... Entonces, ante Alguien a quien le debo todo, lo menos que puedo hacer —viene a decir— es *ofrecerme para lo que necesite*. O sea, decirle que, si Él quiere contar conmigo, pues que lo haga, que puede disponer de mí. Ofrecerse significa poner a disposición de otro algo que es mío y que —en principio— me voy a quedar, pero que, si él lo quisiera, pues, bueno, estaría dispuesto a dárselo. Por ejemplo, tengo aquí un teléfono móvil y le digo a alguien que no tiene: «Oye, si necesitas un teléfono móvil, pues me lo pides, y yo te lo presto con mucho gusto, o incluso te lo regalo y ya me compro yo otro». Eso es ofrecer, y eso es lo mínimo que uno puede hacer con el Señor, «ofrecer sus personas al trabajo», decirle al Señor: «Oye, Jesús, estoy disponible. Si hacen falta catequistas en mi parroquia, estaré dispuesto a ser catequista; y si hicieran falta personas que ayuden con limosnas, también lo haré; y si hiciera falta que yo les hable de Dios a los vecinos… Puf, pues… ya me lo harás saber y haré lo que pueda…».

Ofrecer significa poner a disposición de otro algo con generosidad, pero algo que —en principio— me quedo mientras tú no me lo pidas… Eso es ofrecer y es un gesto valioso. Sería precioso que —en estos Ejercicios— todos, todos, por lo menos nos ofrezcamos al Señor. Ahora, como es natural, el que ofrece algo no tiene que darlo hasta que no se lo pidan: he ofrecido mi móvil, me ofrecí para ser catequista, pero mientras que no vengan a decirme que me necesitan para esto, mi móvil seguirá en mi bolsillo y confío en que habrán encontrado otro catequista… Ofrecerse significa ponerse a disposición de otro, pero quedarse lo que uno ha ofrecido mientras que no se lo pidan. Eso es ofrecerse: «Señor, si hace falta que haya catequistas de confirmación, pues hombre, yo podría hacerlo… Pero ya sabes que no tengo tiempo en toda la semana, que además no se me da muy bien hablar en público, que con los jóvenes, ¡puf!, yo nunca trato con jóvenes… Pero bueno, oye, yo te lo he ofrecido… Si tú quisieras, pues nada, Señor, mueve el corazón del párroco para que él me llame, que le estaré esperando en mi banco de siempre, al fondo de la parroquia a la izquierda». Eso es ofrecerse, ¿verdad? O decirle: «Señor, si hay alguna necesidad grave en la Iglesia (no sé, unas monjitas que están pasándolo muy mal, un misionero en apuros), me ofrezco para ayudarles con mis ahorros. Así que Tú diles que me llamen, Señor, y yo estaré aquí disponible a su disposición para ayudarles. Ahora, mientras tanto, yo no toco nada de lo mío…». El que se ofrece, se ofrece sinceramente, pero conserva lo que ha ofrecido hasta que se lo solicitan.

Hay por eso una segunda manera de responder al Señor y es *entregarse*. Y entregarse ya es otra cosa. Entregarse es decirle a esa persona que no tiene un teléfono: «Oye, toma, quédatelo, ya está, que yo me busco otro… Si no te hiciera falta en el futuro, ya me lo devolverás, pero en principio quédatelo, quédatelo, que yo ya no cuento con él». Entregar algo tiene mucho más valor. En primer lugar, porque te quedas ya sin ello… Y, en segundo lugar, porque no es un ofrecimiento condicionado a que el otro «lo necesite, lo desee y me lo pida», sino que es un adelantarse a poner en manos de otro lo que le puede venir bien. Entregar algo es más valioso que ofrecerlo.

Y entregarse uno mismo a Dios… Eso es muy fuerte. Eso es fortísimo. San Ignacio hizo entrega de sí mismo a Dios en Loyola. Si alguna vez visitas su Casa solariega, que está en la provincia de Guipúzcoa, entre Azpeitia y Azcoitia, podrás leer en la Capilla de la conversión: «Aquí *se entregó a Dios* Íñigo de Loyola». Y lo hizo con una oblación, que quiere decir esto, «entregarse» a Dios:

> «Eterno Señor de todas las cosas, yo hago mi oblación, con vuestro favor y ayuda, delante de vuestra infinita bondad, y delante de vuestra Madre gloriosa, y de todos los santos y santas de la corte celestial, que yo quiero y deseo y es mi determinación deliberada, solo que sea vuestro mayor servicio y alabanza, de imitaros en pasar todas injurias y todo vituperio y toda pobreza —así actual, como espiritual— queriéndome vuestra santísima majestad elegir y recibir en tal vida y estado»[11].

En el fondo, esta entrega podemos resumirla así: «Me entrego a ti, Jesús, para vivir una vida como la tuya; me entrego para vivir contigo y como Tú».

---

[11] *Ej.* 98.

¡¡¡Bueno, bueno, bueno, esto, esto es descomunal!!! Que una persona le diga al Señor «me entrego a ti» es algo que le compromete el resto de su vida, y que le diga «me entrego para vivir contigo y como tú» es algo colosal...

¿Qué significa vivir como Cristo? Significa querer pasar en la propia vida lo mismo que ha pasado Cristo. ¿Cristo ha vivido con austeridad? Pues querer vivir así. ¿Cristo ha sido rechazado por «la opinión pública» de su tiempo y ha sufrido menosprecios e insultos? Pues me encantaría estar «señalado» por ser seguidor de Cristo —no por mis defectos, sino por ser amigo de Jesucristo— y parecer ridículo a los mismos que piensan que la fe cristiana es ridícula. Hacer oblación y entrega de uno mismo para vivir con Cristo y como Cristo es algo precioso y valiosísimo.

Por si acaso a alguno todavía le parece muy complicada la diferencia entre ofrecerse y entregarse, quizá pueda ayudarle este ejemplo que nos ponían en Ejercicios cuando éramos jóvenes... Tú imagina un plato que contiene unos huevos fritos con chorizo. ¿Lo tienes ya en la mente? Pues ahora piensa lo siguiente: la gallina se ha *ofrecido* para que exista ese plato, es decir, ha colaborado poniendo los huevos para que los frían y los sirvan en el plato. La gallina sigue intacta, o sea, que —después de poner los huevos— sigue correteando por el corral con las demás gallinas, su vida no parece haber cambiado.

En cambio, para que haya llegado el chorizo a ese plato que imaginas, el cerdito se ha *entregado*. ¿Lo pillas ahora? Ya no hay cerdito. Se acabó el cerdito. Cuando imagines los huevos fritos con chorizo, recuérdalo: aquí ha habido una gallina que se ha ofrecido y un cerdito que se ha entregado. Estamos muy agradecidos a los dos, y lo del cerdito tiene todavía más valor...

Vamos a ponernos ahora ya en oración. Vamos a pedirle al Señor que nos abra los oídos y el corazón para escuchar su llamada. Vamos después a dejar que resuene en nuestro interior esa invitación del Señor: «Mi voluntad es conquistar el mundo entero... El que quiera venir conmigo ha de trabajar conmigo», y después procura darle al Señor tu respuesta.

¿Tú quieres decirle al Señor que cuente contigo, o prefieres cerrar este libro y salir corriendo? ¿Tú quieres ofrecerte a Jesús? Si lo haces, estarás haciendo algo muy valioso y el Señor te lo recompensará. Hay muchas personas que están en el cielo porque se ofrecieron a Jesús y cumplieron su palabra. Pero no hay que descartar que, entre vosotros, haya también alguna persona en cuyo interior arda un deseo de corresponder al Señor con una generosidad mayor, con la entrega plena, absoluta. No hay que descartar que el Señor siga llamando a algunas personas a que le den esa respuesta: «Me entrego a ti, Jesucristo. Con todo lo que tengo y con todo lo que soy. Te entrego mi pasado, para que con misericordia lo perdones; te entrego mi futuro, para que sea como desees en tu providencia; te entrego mi presente, porque quiero vivir desde ya contigo, para ti, y quiero —en la medida de lo posible— vivir como Tú». No se trata de que exteriormente me deje una barba larga, me ponga una túnica y vaya por la calle con sandalias... No, no, se trata de que por dentro ya no tenga otra ilusión en la vida que agradarte y colaborar contigo en la salvación del mundo.

Si alguno se atreve y cree que a Dios le agrada que le diga al Señor esta respuesta tan generosa, que no lo dude y que lo haga.

Más textos bíblicos:

- *Mateo 4, 18-22:* la llamada del Señor a los apóstoles. Dice el Evangelio: «Y al instante lo siguieron». Al instante, o sea, que no se lo pensaron dos veces, que no tuvieron ahí esperando a Jesús un par de semanas, sino que —sin dudarlo— le dijeron «sí», y dejando sus redes lo siguieron.

- *Marcos 2, 13-14:* la vocación de san Mateo.

- *Juan 1, 35-51:* la vocación de los primeros apóstoles. Esa conversación de Jesús con aquellos dos que luego llevan a sus hermanos y, más tarde, a otros.

7. EN LA SOLEDAD DE UNA NOCHE
El Nacimiento

Los seres humanos estamos bien hechos. Dios nos ha creado genial. Somos cuerpo y alma —materia y espíritu— y, a través de nuestro cuerpo, podemos percatarnos de lo que hay fuera de nosotros, para que nuestra alma lo comprenda y asimile. Con los sentidos corporales —vista, olfato, oído, gusto y tacto— descubrimos si una superficie es suave o áspera, si la persona que nos habla tiene voz grave o aguda, y también podemos averiguar si un jardín es precioso, si es solamente bonito, o si está descuidado. Nuestros sentidos corporales nos permiten captar la realidad y nos ofrecen información de las cosas y también de las personas, para que podamos conocerlas. Es asombroso que no solamente percibimos el exterior de las cosas, sino incluso lo profundo de la realidad. Pongamos algunos ejemplos muy sencillos:

Cuando ves a una persona por la calle, puedes darte cuenta de si es tímido o extrovertido por su manera de andar, por su forma de moverse; también podemos intuir que otra persona es muy generosa por su modo de tratar a los demás; podemos descubrir que alguien es alegre por los temas que saca en sus conversaciones y por el modo que tiene de enfocar los problemas; o que una persona es humilde por la postura corporal con la que trata con la gente.

Estas cosas —la alegría, la humildad, la generosidad— no son mera apariencia exterior de las personas, no son como el color de los ojos o del pelo, que se pueden ver a simple vista... Son facetas interiores de cada uno, que hacen referencia a lo profundo de su corazón. ¿Podemos conocer a alguien en profundidad? Sí, Dios nos ha hecho de tal manera que —al captar, por los sentidos corporales, cómo son las personas por fuera— esto nos permite paulatinamente, no de golpe, ir conociendo cómo son también por dentro...

Y así es como nos manejamos en la vida ordinaria. Un hombre puede verse deslumbrado por una mujer, enamorarse rápidamente y, con el paso de las semanas o de los meses, ir descubriendo si la impresión inicial fue adecuada o no, y si esa persona le conviene o no. Porque, con el paso del tiempo, no solamente descubrirá lo que esa mujer presenta por fuera —su físico, su atractivo, su rostro, su sonrisa, su mirada, su tipo—, sino que irá descubriendo cómo es esa mujer por dentro, cómo es el corazón de esa persona.

Bien, pues al Señor le pedimos en estas próximas meditaciones la gracia de descubrir cómo es Él por dentro: conocimiento interno de Cristo. Deseamos ir descubriendo —cuando escuchamos hablar a Jesucristo, relacionarse con los demás, reaccionar ante los imprevistos, tratar a unos y a otros: niños, adultos, enfermos, pecadores— cómo es el Corazón de Jesús.

La tarea que tenemos en las próximas páginas es apasionante, porque consiste en conocer en profundidad al Señor y conocerle no por los datos fríos de una enciclopedia, sino en un trato personal con Él, en coloquios y diálogos de amistad, una conversación prolongada durante los días que quedan de Ejercicios.

Para este primer rato de oración nos trasladaremos a Belén, donde nació el Niño Jesús, donde la Virgen Santísima lo dio a luz, porque ya en Belén vamos a descubrir —aplicando nuestra vista, nuestro oído, hasta nuestro olfato y nuestro tacto— cómo es Jesús por dentro, cuáles son sus sentimientos, sus actitudes y cómo es su Corazón.

Leemos el Evangelio: Lucas 2, 1-20

Este pasaje cuenta que las autoridades ordenaron un censo. María y José, que ya vivían comprometidos en Nazaret, tienen que trasladarse a Belén, porque la familia de José procede de allí y él tiene que empadronarse en la ciudad de sus antepasados. Belén es la ciudad del rey David y José era descendiente del rey David. Venía de esta tribu, de la dinastía real que surgió en Belén. Por eso tienen que marcharse a ese pueblo. Es curioso que en el Antiguo Testamento los profetas ya habían anunciado que el Mesías nacería en Belén, pero la manera que tiene Dios de hacer que se cumplan estas profecías es sirviéndose de un edicto de una autoridad romana y, por tanto, pagana.

Seguramente, el César no tenía intención de que se cumplieran las profecías del Antiguo Testamento... Incluso hay quien sostiene que este edicto se hizo con mala intención, para pretender controlar a todos los judíos y saber exactamente cuántos había de cada tribu, cuántos vivían en cada ciudad para hacer frente a una eventual rebelión. Pero, en todo caso, sirviéndose de los acontecimientos, y aunque estos no procedan de una buena intención, así se va a cumplir lo que Dios había prometido en el Antiguo Testamento, la profecía que decía: «Y tú, Belén de Judá, no eres la más pequeña de las ciudades, porque de ti ha de nacer el Salvador». Qué impresionante es esto...

Las personas que tienen fe son capaces de descubrir la mano de Dios en todos los acontecimientos que ocurren, y no solamente en las cosas que les agradan, sino incluso en otras que les disgustan. También en contratiempos y cosas que están hechas con mala intención, pero que, cuando Dios las permite, es porque de ellas se va a seguir algún bien.

Podemos figurarnos que así reaccionaron san José y la Virgen a este edicto del César. No nos los imaginamos a regañadientes, quejándose y diciendo tacos contra el gobernador, sino que —entendiendo que era su deber obedecer a las autoridades civiles— deciden marchar a Belén. También en esto nos dan buen ejemplo: debemos ser siempre buenos ciudadanos y —salvo que nos mandaran algo contrario a la ley moral o a nuestra conciencia— obedecer las normas y las leyes vigentes, desde el pago de los impuestos hasta el código de circulación.

Puede ayudarnos cerrar los ojos e imaginar la escena: imagino a san José, que tranquilizaría a los padres de María y les diría algo así: «Ustedes no se preocupen, Dios nos ayudará en este viaje y yo cuidaré de María. Seguramente esto será muy sencillo, tardaremos unos días en bajar a Belén, nos inscribiremos en el censo, volveremos a Nazaret y nuestra vida y la del bebé seguirán su curso...». Seguramente Joaquín y Ana, los padres de María, se quedaron muy tranquilos pensando que todo iría conforme a lo previsto... Pero a Dios le gusta darnos sorpresas y hacer que las cosas no salgan como planeamos, sino como de veras conviene. Esto sucedió con José y María, y esto también ocurre en nuestra propia vida.

Dios permitió que José y María se vieran despojados de todo. No es que ellos fueran ricos, no lo eran propiamente. San José era carpintero, pero tenía un hogar y una carpintería, un negocio familiar; tendría unos amigos; tendría una familia y un cierto acomodo para que naciera el Niño. Dios permitió que tuvieran que salir de ese cierto acomodo y enfrentarse a una situación del todo desconocida y con numerosas incertidumbres. Esto llama la atención. Mucha gente piensa que, si Dios nos quiere, todo nos tiene que ir bien en la vida: «Encontraré un trabajo rápidamente, enseguida aparecerá la mujer o el hombre de mi vida, los negocios me irán bien y estaré sano. Claro, porque si Dios me quiere, el éxito estará asegurado». Pero esto no es exactamente así... Dios te quiere. Eso significa que vas a vivir todas las circunstancias de tu vida acompañado de su amor, de su protección. Pero eso no quiere decir necesariamente que las circunstancias de la vida vayan a ser sencillas.

Hay personas muy queridas por Dios que atraviesan situaciones complicadas... En este caso, es evidente: ¿quién había en el mundo más querido para Dios que José y María? Nadie. Y, sin embargo, tienen que marchar desde Nazaret hasta Belén (150 kilómetros) en una época en la que no había carreteras ni trenes ni aviones, sino caminos polvorientos... A María —ya avanzada en su embarazo— la podemos imaginar con las dificultades y complicaciones que tiene hacer un viaje largo a lomos de un burrito o andando en algunos tramos. ¿Te imaginas a un matrimonio hacer a pie el trayecto entre Madrid y Oropesa, en Toledo? La vida no fue fácil para María y José, y no es porque Dios no les quisiera... A veces, Dios permite a los que quiere más pasar por las mismas dificultades por las que ha pasado Él, que quiso hacerse pobre, débil, pequeño y humilde.

Y entonces, llegaron a Belén. Imagina Belén como un pueblecito pequeño (menos de mil personas), de casas sencillas de una o dos alturas, donde en aquella época vivían familias de la misma estirpe de José. Quizá José le había dicho a María durante el camino que no se preocupara, que él tenía en Belén primos y tíos... «Seguro que va a querer acogernos más de uno de estos que conozco, mis amigos, mi familia». Fueron llamando puerta tras puerta, José se presentaría y sobre todo presentaría con mucha alegría a María, su joven esposa, dando a todos los parientes la noticia de que esperaban pronto ser papás. Y la sorpresa es que en ningún lugar tienen un hueco para ellos... En todas partes le dicen buenas palabras, del estilo de: «¡Qué alegría verte, José! Hacía muchos años...», «me encanta que estés de nuevo en Belén, pero aquí no os podéis quedar...», «id mejor a casa del primo Benjamín, ¿te acuerdas de él?, que tiene una casa enorme...», «no, aquí imposible, pero fijo que al tío Zabulón le alegrará alojaros...». Y María y José van casa por casa, llamando de puerta en puerta, y en ningún sitio hay un lugar para ellos. Qué asombroso es esto, ¿verdad? El Creador de cielo y tierra —Quien lo ha hecho todo— no tiene dónde meterse cuando viene a este mundo, no hay nadie que quiera acogerlo... Qué misterio de humildad el del Señor, que no nos impone su llegada, sino que llama a la puerta: el que quiere le abre, pero muchas puertas se cierran.

Por eso el Niño terminó naciendo en un portal, que es como una cuadra, como un corral, un sitio más apropiado para animales que para personas, un establo. Ahí es donde nació el Niño Jesús. En los pueblos de Castilla suele haber un grupo de casas —las mejores— que están en el centro, cerca del ayuntamiento, de la plaza, de la parroquia, de la fuente. Y donde terminan las calles alumbradas por las farolas, en los arrabales de los pueblos, es donde hay a veces una nave donde se guarda un tractor, un corral o una cuadra. Es donde la gente guarda los animales, que no suelen estar en el centro de los pueblos ni de las ciudades, sino más bien en las afueras, donde se ve la noche estrellada y donde apenas se oye algún ruido, salvo los grillos en verano o el ladrido de unos perros en la lejanía.

Cuando Jesús vino a nuestro mundo, quiso nacer en esas circunstancias, en la soledad de la noche, en el silencio frío del portal. En un lugar donde no habría ventanas ni puerta ni gente esperándole, sino una madre, un buen hombre y, seguramente, un par de animales que les dieron calor aquella noche.

Todo esto es asombroso porque nos permite ir descubriendo cómo es Jesús. El Señor no vino buscando un palacio, un hotel de lujo o un castillo. No quiso rodearse de galas, éxitos y triunfos mundanos. No le esperaban sábanas de seda ni un edredón de plumas. ¿Y todo eso por qué? Porque nos quiere. Quiso compartir lo que viven muchas personas en este mundo: la pobreza, el sufrimiento, el dolor, las privaciones, la necesidad... Todo eso lo ha vivido Jesucristo, nuestro Salvador.

A la adoración eucarística la llamamos también —por lo menos en España— «Exposición del Santísimo». Decimos bien, porque el Cuerpo de Cristo se expone en la custodia para que pueda ser visto y para que pueda ser amado y adorado. Pero la palabra *exponer* o *exponerse* significa también otra cosa en nuestro idioma: quiere decir también arriesgarse, asumir peligros. Por ejemplo, «quien se mete solo en el bosque de noche *se expone* a tener un disgusto». Significa asumir riesgos. Y es impresionante pensar que, cuando Dios se hizo hombre en el portal de Belén, fue «la Exposición del Santísimo» y que Jesús quedó ahí expuesto: se hizo vulnerable, se hizo débil, pobre, pequeño, frágil... Se le podía abrazar, como la Virgen Santísima o san José, pero también se le podía dañar, y eso es lo que intentó Herodes en los días siguientes...

¡Qué humildad la de Dios!, ¡qué modesto es Jesucristo, que ha querido venir a nuestro mundo no para asustarnos con su poder, sino para enamorarnos con su pequeñez, con su pobreza y su mansedumbre! Quiero animaros a que en el rato de oración que haremos después os fijéis mucho en el Niño Jesús que nace en el portal de Belén.

En Belén con los pastores (Lucas 2, 8-20)

El Evangelio narra la aparición de los ángeles a los pastores. Los ángeles dieron una instrucción muy sencilla: «Hoy os ha nacido un Salvador, el Mesías, el Señor, y aquí tenéis la señal: encontraréis un niño envuelto en pañales». Lo que estaba sucediendo en el portal de Belén era algo impresionante: Dios mismo, atravesando el universo y la galaxia, viene a nuestra tierra y quiere pisar con sus pies pequeños de bebé el mismo mundo que Él ha creado. Era un momento sobrecogedor, majestuoso, sorprendente, mucho más relevante que el primer paso dado por un ser humano en la luna... Pero la señal que dieron los ángeles a los pastores fue muy sencilla. La señal no fue prodigiosa, no fue nada extraordinario. Les dijeron: «Encontraréis un niño envuelto en pañales». Es sorprendente que Dios tenga esta costumbre de hacer las cosas grandes de manera sencilla, de hacer grandes milagros sin llamar la atención, de una forma humilde, casi pasando inadvertido.

Es lo mismo que ocurre en la Eucaristía. Dios viene a nuestro mundo en cada Misa, está sobre el altar en cada Eucaristía, pero la apariencia —lo que los sentidos corporales son capaces de captar— es simplemente la sagrada forma: parece pan, huele a pan, sabe a pan y, sin embargo, es el Señor. Esta sencillez de Dios viene ocurriendo en toda la historia. No tiene que asombrarnos que la Eucaristía sea así porque fue muy semejante lo que ocurrió en el portal de Belén. No imaginéis que salían rayos y centellas del portal, o estruendos y truenos. Ni efectos especiales ni fuegos artificiales: una sencilla cueva, un hombre y una mujer, un bebé en los brazos de esta mujer preciosa, un recién nacido que es Dios mismo, pero que —en apariencia— parece como los demás niños. Nacido en un establo, acostado no en cuna, sino en un pesebre y, sin embargo, los pastores —¡es precioso esto!— cuando llegaron al portal, lo reconocieron, se postraron, lo adoraron arrodillados y entendieron que se cumplían profecías que habían escuchado en la sinagoga desde pequeños: «Un niño nos ha nacido, un hijo se nos ha dado, y lleva en sus hombros el Principado»[1].

¿Cómo fueron capaces los pastores de ver en aquel bebé a quien lleva el Principado sobre los hombros? ¿Cómo descubrieron que bajo esa apariencia tan sencilla había un misterio divino escondido? Pues porque los pastores son personas muy humildes, y las personas humildes tienen los ojos

---

[1] *Is* 9, 5.

limpios para descubrir a Dios. A veces pensamos que para descubrir a Dios tenemos que leer más libros, apuntarnos a más actividades, ir a un sitio donde ofrecen algo verdaderamente chocante, impresionante y llamativo, que nos haga sentir emociones fuertes... y no suele ser así. El Señor se manifiesta de esta forma natural y sencilla. Y las personas buenas —con alma limpia— y las personas humildes reciben con más facilidad este don de reconocer la presencia de Dios.

Sorprende pensar que el pueblo de Israel llevaba siglos de *expectación mesiánica*. ¿Qué significa esta expresión tan complicada? Que estaban esperando expectantes al Mesías: soñando, deseando que llegara el Mesías. Profundizaban en las promesas de los profetas, rezaban, leían el Antiguo Testamento... Los estudiosos de Jerusalén andaban pensando dónde y cuándo iba a nacer y qué signos lo acompañarían. Estaba el mundo entero —podríamos decir— buscando a Dios donde Dios no está, pero donde Dios está no había nadie más que María, José y unos pastores... Todos van en una dirección buscando a Dios, en unos sitios donde no se le encuentra: astrólogos, videntes, magos... pero no lo encontraron. Herodes nunca llegó a ver a Jesús. Y, en cambio, aquellos pastores que eran tan sencillos, que no habían ido a la universidad, que no se creían mejores que nadie, que a nadie miraban por encima del hombro porque sabían que eran rudos, pequeños, débiles, pobres y pecadores... Estos hombres tan sencillos ven a Jesucristo ¡y lo reconocen!, que es más asombroso todavía.

Lo ven con los ojos de la cara —los sentidos corporales— y lo reconocen con la fe: se dan cuenta de que ese niño es el Mesías prometido. La escena puede servirnos para hacer lo que san Ignacio llama «composición del lugar». ¿Qué significa composición del lugar? Quiere decir que podemos recrear la escena en nuestra imaginación: puedes cerrar los ojos e imaginar cómo era aquel portal, un lugar no demasiado espacioso, muy humilde y muy pobre, pero que san José se ha ocupado de limpiar y de ordenar un poco. Y entonces, uno trata de mirar cómo fue aquel momento y escuchar también lo que dicen María y José, y más tarde los pastores y los reyes magos. Y también tratamos de tocar con los sentidos de la imaginación a ese Niño y fijamos nuestra atención en todos los detalles que rodean esta escena. Hacer composición de lugar es poner en juego toda nuestra inteligencia y nuestra imaginación para tratar de recrear interiormente en nosotros cómo debió de ser aquel momento. Puede haber personas poco imaginativas que digan: «Mire, padre, yo por más que cierro los ojos e intento imaginármelo no lo consigo». Si te ocurre eso, no te preocupes: tú lee el Evangelio de san Lucas. Pero puede haber otros que digan: «Oye, que esto a mí me ayuda mucho a fijarme en el rostro de la Virgen, a pensar en el porte de san José, a hacer como que tomo la manita del Niño en mis propias manos, y después a acompañar a los pastores que entraron para ofrecer sus dones al niño Jesús». Muy bien, pues tanto en este momento de oración como en otros muchos, podremos hacerlo de esta manera: haciendo composición del lugar.

Meterse en la escena

Cuando hacemos composición del lugar, vemos la escena como si fuera una película. Podemos comenzar a enfocar con nuestra cámara en primer lugar a la Virgen Santísima. Vamos a fijar en ella toda nuestra atención. Mirad a la Virgen, miradla no solo con los ojos de la cara, sino —como miran los pastores— con mirada de fe, reconociendo que esta mujer es singular, es la Inmaculada, la que ya fue concebida por sus padres sin pecado original, la que tiene en su alma tanta humildad, tanta pureza, que Dios se ha fijado en ella y a la que Dios ha querido escoger para ser la madre de Jesucristo. Fijaos también en la obediencia de María, que le dijo al ángel: «Aquí está la esclava del Señor». Pensad en la delicadeza con la que cuida al Niño y lo sostiene, y cómo cuida de las cosas del Niño: de sus pañales, de sus ropitas, de ese pesebre donde le va a acostar. Así trata María a Jesús. Todo esto luego nos ayuda, porque los sacerdotes celebraremos la Misa, y tendremos en nuestras manos al mismo Cristo a quien la Virgen sostuvo. ¿Cómo trato al Señor en la Eucaristía? ¿Cómo me porto contigo, Jesús? ¿Cómo cuido tus cosas, que ya no son pañales ni ropitas, pero sí la patena donde está tu Cuerpo, los purificadores, el corporal y el sagrario? De María aprendemos delicadeza en el trato con Jesús y ternura para cuidar también de sus cosas.

Todo esto vemos en ella. Y María vive feliz, también esto es sorprendente. No tienen nada —¡pobrecitos!—, han tenido que dejar sus seguridades en Nazaret, han llegado a Belén y los han rechazado, están metidos en un portal, pero hay en ella una paz y una alegría completas. Porque tiene a Jesús y, teniéndole a Él, lo tiene todo. No desea nada más, no ambiciona otra cosa, ella solo quiere estar con Jesús, y teniendo a Jesús le parece que ya nada le hace falta. Como dice santa Teresa en aquellos versos tan bonitos: «Nada te turbe, nada te espante, todo se pasa, Dios no se muda, la paciencia todo lo alcanza, *quien a Dios tiene nada le falta*, solo Dios basta». Y María piensa: «Tengo a Jesús solo, tengo a Dios, basta, no me hace falta nada más».

Después podéis enfocar la cámara —como si fuerais el realizador de la película— en san José. Mirad a este hombre tan noble, tan obediente a Dios, tan bueno, a este hombre tan respetuoso con María, que ha aceptado ese papel secundario que Dios le ha regalado en esta historia de salvación, que acepta que Dios le encomiende una misión humanamente muy sencilla.

San José renunció a una vida de éxito personal y aceptó ser un hombre dedicado a cuidar de María y a cuidar de Jesús. Nos viene muy bien fijarnos en él, porque es de los santos más santos de la historia, patrón universal de la Iglesia y de las almas consagradas, un santo al que conviene que tengamos mucha devoción y al que podemos imitar.

San José tuvo que encajar muchas humillaciones. En primer lugar, la humillación de que, enamorado de María, supo que ella había hecho una promesa, un compromiso de virginidad. Y él acepta que será un hombre casado, pero que no llevará vida conyugal, no vivirá con su esposa como el resto de los maridos. Tal vez le costó, pero lo acepta, lo ofrece, y está feliz de poder ayudar a María. Después acepta la humillación de ser rechazado en Belén, en su propia tierra. Y este rechazo afecta a María y a Jesús, porque tampoco ellos podrán meterse en ninguna casa digna. Para cualquier padre de familia, ver sufrir a su mujer y a sus hijos es más doloroso que sufrir él mismo, y probablemente para san José también debió de resultar costoso. Él pensaría: «A mí no me importa quedarme en el portal, no me importa dormir en el suelo, pasar frío... Todo eso me da igual, pero ¿tú, María?, ¿el niño y tú, María?». Esto le dolería mucho y seguramente pensó que no lo estaba haciendo bien como esposo y como padre, le daría mucha pena no poder dar algo más digno a su esposa y al hijo que ella esperaba, no poder ofrecerles algo mejor. Pero no terminan aquí las humillaciones para él. Poco después les avisa un ángel de que Herodes quiere matar al niño, y José tiene que huir con María y con Jesús a Egipto. Huir como los prófugos, como si fuera un delincuente —¡él, que no había cometido ningún delito!—; huir a un país extranjero del que no sabría seguramente el idioma; huir para vivir como un inmigrante en Egipto, como forastero desconocido para los demás, a quien le debió de costar encontrar empleo y hogar.

Como veis, san José ha sobrellevado muchas humillaciones en la vida. ¿Y cómo es este hombre? Viendo cómo trata a María y a Jesús, fijándonos en su rostro, vemos que no guarda resentimiento ni rencor, sino que —porque es profundamente humilde— vive siempre con paz y con alegría. Es asombroso san José. Si todavía alguno no habéis leído la Carta bellísima que nos escribió el Papa Francisco sobre san José, que se llama *Patris corde*, no dejéis de leerla.

Y podéis terminar mirando a los pastores de los que antes os hablé. Estos pastores rudos, pero mimados por Dios, fueron los primeros testigos —junto con María y José— del nacimiento de Jesús. Impresiona pensar que los primeros en ver a Jesús no fueron los sabios de la época ni las autoridades civiles ni los más ricos... Los primeros fueron los pastores. ¿Y por qué tuvo predilección el Señor con ellos? Probablemente, porque en el fondo de esos corazones tan simples había hombres muy buenos. Nos dice la tradición que, abriendo sus zurrones, ofrecieron sus regalos al Niño. Leche, queso, miel... No son regalos lujosos (todo junto no llegaría a 30 €), pero son todo lo que tienen. Es lo que guardaban para vivir esos días. Cuando Jesús, años más tarde, puso como ejemplo a una viuda que había echado unos pocos céntimos en el cestillo de las limosnas y dijo: «Ha echado todo lo que tenía para vivir», quizá recordaba lo que María y José le habrían contado sobre aquellos pastores.

Hay en esta escena de los pastores un último detalle que da mucha devoción y es pensar que la Virgen fue quien les mostró a Jesús: lo tendría envuelto en una manta, en una toquilla, y le descubriría; le iría retirando esas ropas con las que lo había envuelto para presentárselo a los pastores y que ellos lo pudieran ver y adorar. Digo que da devoción porque, cuando rezamos la Salve, pedimos esto a la Virgen para nosotros. Le decimos a la Virgen: «... y después de este destierro muéstranos a Jesús, fruto bendito de tu vientre». Tengo la ilusión —y creo que será así— de que, al término de nuestra vida, cuando lleguemos al cielo, será la Virgen quien nos mostrará a Jesús, quien nos pondrá con Jesús, fruto bendito de su vientre. En esta vida creemos en Jesús, procuramos quererle y seguirle, pero no le vemos ni le podemos tocar. Cuando lleguemos al cielo, María nos lo mostrará, lo veremos cara a cara y —entonces sí— nos uniremos a Él en un abrazo definitivo.

8. TREINTA AÑOS EN LA SOMBRA
La Sagrada Familia (Lucas 2, 40; 51-52)

Loreto es una pequeña localidad italiana, en la región de Ancona. En el interior de la espléndida basílica construida por Bramante en el siglo XV, se conserva la casita de la Sagrada Familia de Nazaret. Esta vivienda es una pequeña construcción de nueve metros de largo por cuatro de ancho, donde —según afirma la tradición— vivieron Jesús, María y José por muchos años. Probablemente, la casa era más grande porque en Nazaret tenían la costumbre de excavar en la montaña una gruta a la que adherían una construcción exterior, que es lo único que pudo trasladarse a Loreto. Durante siglos se ha dicho que esta casita fue trasladada por los ángeles desde Palestina hasta Italia y, aunque sabemos que la familia *Angelli*, que significa *Ángeles*, evitó que fuera profanada por los sarracenos en el siglo XIII, todavía es un enigma cómo pudieron trasladar esa construcción sin desmontar las piedras. Efectivamente, los arqueólogos han confirmado que la argamasa que une las piedras no es del siglo XIII, sino del siglo I, de modo que parece que la casa fue levantada y traída «en volandas». ¿Tuvieron algo que ver con este traslado los ángeles del cielo? No estamos seguros...

En este próximo rato de oración vamos a contemplar la vida que llevó la Sagrada Familia en Nazaret. Pediremos al Señor, como nos aconseja san Ignacio, esa gracia del *conocimiento interno* de Cristo. Nuestro objetivo no es acumular datos sobre la vida del Señor —como el que estuviera haciendo un trabajo de investigación—, sino conocerle mejor por dentro, ser mejores amigos suyos para servirle mejor. Vamos a meditar los años que llamamos de *vida oculta* del Señor.

Una forma posible de hacer esta meditación sería tomar los Evangelios y leer lo que nos cuentan sobre esa vida de Jesús con María y José. Son muy pocos versículos los que nos hablan sobre ese periodo de tiempo: apenas conocemos detalles concretos de su vida, ignoramos exactamente en qué calle vivió, quiénes eran sus vecinos, qué clase de estudios recibió ni tampoco qué horario hacían... De todos esos asuntos no sabemos gran cosa. Lo que sabemos —porque lo dice el Evangelio— es que vivió bajo la autoridad de la Virgen y de san José, que se establecieron en Nazaret, donde José tenía una carpintería, y que el Niño crecía en sabiduría y gracia ante Dios y ante los hombres.

Imaginando la casita que se conserva en Loreto, podemos también introducirnos en la escena y hacer *composición de lugar*, como hicimos en Belén. Es decir, figurarnos cómo debió de ser la vida cotidiana en aquella casa: ver a los personajes, escuchar lo que dicen, observar cómo se tratan y acompañarlos durante un tiempo prolongado para ver qué ambiente se respira. La casa de la Sagrada Familia es un espacio reducido, pero suficiente para que una familia pueda vivir con paz y con tranquilidad. No eran ricos, pero tampoco vivieron una estrechez extrema, sino que su trabajo les permitió mantenerse.

Por si os ayuda, también os ofreceré una sencilla reflexión sobre algunas características que advertimos en esta familia. No serán muchos datos ni muy concretos, sino solo algunas pinceladas, como si se tratara de un cuadro impresionista, que nos sirvan para hacernos una idea del estilo con el que vivieron durante todos los años transcurridos desde que volvieron del exilio en Egipto hasta que Jesús salió a predicar.

Seguramente, la mayoría de los que leéis estas páginas vivís en familia —en matrimonio, con hijos, abuelos…— o en una comunidad religiosa. Tanto unos como otros tenéis en la Sagrada Familia de Nazaret un modelo en el que fijaros, una referencia que seguir. Deseamos que nuestra familia sea también así, tenemos en María, José y el Niño una referencia modélica a la que tratamos de imitar. Y, de esta manera, procuraremos que las relaciones familiares entre hermanos, con los padres o en la comunidad religiosa, reflejen este estilo de Nazaret.

¿Cuáles son esos rasgos más destacados que vemos en la Sagrada Familia de Nazaret? Los podemos resumir en cinco aspectos principales.

Afecto y cordialidad

El primero de todos ellos es que es una casa en la que hay afecto y cordialidad. Se quieren, se ayudan, hay interés de unos por otros, están a disposición los unos de los otros, se echan una mano, están disponibles. Esto tiene mucha importancia. Vivimos un tiempo en el que se ha puesto mucho esfuerzo en mejorar la tecnología (tecnología del trabajo, tecnología en la sociedad y tecnología en los hogares). Hoy casi todas las casas, por lo menos en Europa, disponen de electricidad, de agua corriente, incluso de internet, de electrodomésticos —lavavajillas, lavadora, microondas—, y cada vez hay más domicilios domotizados, es decir, informatizados, con muchas novedades técnicas que hacen la vida más cómoda y agradable. Sin decir que eso esté mal, a veces confundimos la felicidad de un hogar con que vaya incorporando todos estos inventos tecnológicos, pero no tiene nada que ver una cosa con la otra, como podemos comprender... Hay hogares en los que no falta de nada y en los que, sin embargo, tiene uno la impresión de que no hay *calor de hogar*, no hay cariño de unos por otros. Hay familias donde reina un individualismo tal, que esa casa parece más un hotel que un hogar familiar. Lo que vemos en la Sagrada Familia es exactamente lo contrario: no disponen de comodidades, no tienen ningún electrodoméstico porque no había electricidad, y sin embargo son enormemente felices porque tienen lo que es de veras importante para vivir. Lo que es imprescindible es tener a quien querer y quien te quiera, lo que es importante es tener un lugar —por modesto que sea— donde uno descansa el corazón, no porque tenga un colchón muy moderno, sino porque allí uno se encuentre a gusto, porque allí uno se sienta respetado y querido. Este es un primer rasgo precioso que vemos en la Sagrada Familia que puede servir de referencia para nosotros: lo que construye una familia es la comunicación, el afecto, el cariño; el que unos y otros salgan de sí mismos, de su propio egoísmo, de la búsqueda de sus intereses, para estar a disposición de los demás y para estar a su servicio. Y así sucede en la Sagrada Familia de Nazaret. Me figuro que, aunque el que llevaba la carpintería era san José, Jesús le ayudaría y María echaría una mano en algún momento, pero tampoco dejarían los varones que María se ocupara de todas las tareas domésticas ni mucho menos, sino que colaborarían todos. Una familia profundamente cristiana es una familia en la que se reparten las cargas del hogar, es decir, una familia en la que no hay una persona que lleva todo —cocinar, planchar, sacar la basura, poner la mesa— mientras los demás viven como huéspedes de hotel... Eso no es una familia cristiana. Una familia es cristiana cuando cada uno aporta lo que puede, lo que sabe, lo que está en su mano, y —de esta manera— entre todos se construye un ambiente delicioso.

En esta casa se reza

El segundo rasgo que me parece que podemos ver en la Sagrada Familia es la confianza en Dios y la oración. Esto quiere decir que tienen presente a Dios y que esta es una casa donde se reza. Es otro aspecto importante. Cuando dejamos que el Señor entre en nuestra casa y en nuestra familia. Él puede llenar con su gracia el ambiente de nuestro hogar y hacer que sea más alegre y más pacífico. Si, por el contrario, asumimos esa idea equivocada de nuestro tiempo, que consiste en pensar que la fe es algo íntimo e individual —que no se debe compartir con nadie—, expulsamos a Dios de nuestra familia. Cuando la religiosidad es algo que cada uno tiene que vivir casi a escondidas, privamos al Señor de la posibilidad de ayudarnos más y, por el contrario, cuando en casa rezamos juntos, vamos a Misa juntos, cuando hay algún momento para sacar el Rosario y encomendarnos a la Virgen, cuando a los niños se les enseñan las oraciones desde pequeños... todo eso contribuye a que el Señor esté presente y —por eso mismo— haya más paz y más alegría.

Así que en esto también podemos aprender mucho. ¿Y qué es lo que rezaba la Sagrada Familia? Evidentemente, no existían aún la Misa, ni el Rosario, ni el Ángelus… Rezaban los salmos, como todas las familias judías piadosas. Los salmos son unas oraciones atribuidas al rey David que están incluidas en el Antiguo Testamento, y que en la actualidad utilizamos para rezar en Misa después de la primera lectura y también en la «Liturgia de las Horas». ¿Te suena un libro grueso que a veces llevan monjas o sacerdotes y que suelen llamar *Breviario* o *Diurnal*? Ese libro contiene la Liturgia de las Horas, y es una forma de orar que estamos redescubriendo en la vida de la Iglesia. Cada vez son más los laicos —mujeres, hombres, solteros, casados— que aprovechan unos minutos al día para rezar Vísperas o para rezar Laudes. Rezar la Liturgia de las Horas es unirnos a Dios, utilizando las mismas palabras de las que se sirvieron la Virgen, José y Jesús; las mismas palabras que enseñaron al niño Jesús de pequeño. Es muy bonito porque Jesús creció sabiéndose oraciones, las oraciones que le habían enseñado sus padres, que repitió después hasta su muerte. Cuando, colgado del madero de la cruz, dijo «Dios mío, Dios mío, ¿por qué me has abandonado?»[1], estaba rezando una de las oraciones que aprendió de José y de la Virgen.

---

[1] *Sal* 22, 2.

Pero, aunque esta familia reza y eleva su corazón y su mente a Dios, no creáis que viven encerrados en sí mismos. Esta es una aclaración importante. La oración no nos aísla ni nos aleja de la realidad, ¡qué va! Los muros de una casa pueden albergar un horizonte universal e ilimitado. Hay personas que no pueden salir de la habitación de un hospital, o que no pueden salir de su casa porque son muy mayores. Hay también religiosas y monjes de clausura que viven en el interior de un convento, de un monasterio o una abadía. Y, aunque vivan entre los cuatro muros de ese edificio, estas personas pueden llevar en su corazón el mundo entero: les importan las necesidades de los hombres, la situación de su familia carnal y de su patria, el bien de la Iglesia. Encomiendan en sus oraciones todas estas intenciones y de esta forma están colaborando con la extensión del Reino de Cristo.

No hay que pensar que para contribuir al bien del mundo haya que marcharse a otro lugar, sino que cada uno —desde el sitio donde el Señor nos quiere— podemos hacer mucho bien al mundo entero. Y tú te preguntarás: «Si no conozco ese mundo entero, ¿qué bien puedo hacerle yo?». Pues es que, precisamente, con la oración llegamos a donde no llegan nuestros pies. Nuestros pasos pueden llegar al barrio de enfrente, o —si hacemos un viaje— a otro país, pero nuestra oración llega a todos los rincones, hasta los sitios más recónditos del planeta.

Con nuestra oración llegamos a todo, rezando ayudamos a todos, y por eso es magnífico que aprendamos de María, de José y de Jesús a rezar.

Vida virtuosa

Una vida virtuosa es lo contrario a una vida viciosa: es una vida en la que se trabajan las virtudes humanas y se vive de una manera profundamente humana. Es decir, es una forma de vivir en la que el capricho y el egoísmo no tienen espacio, no cuentan, sino que cada uno pone de su parte lo mejor para contribuir a un ambiente armonioso para los demás. Las virtudes domésticas tienen mucha importancia, también para nosotros en nuestra situación.

Por ejemplo, la *servicialidad* es la virtud que consiste en ponernos a disposición de los otros para echar una mano, para sacar la basura, poner la mesa, fregar los platos, hacer la compra... También la *puntualidad*, que es no hacer esperar a los demás, sino procurar llegar a tiempo para que los demás no tengan que fastidiarse.

Y *el orden*, que es tener cada cosa en su sitio y que dediquemos el tiempo necesario a cada cosa, que no comamos cada día a una hora o nos acostemos cada día cuando nos apetece, sino con una cierta regularidad. Ser personas ordenadas ayuda a ser personas previsibles y suele ayudar a que todo funcione mejor. Se atribuye a san Agustín la máxima «guarda el orden y el orden te guardará a ti»[2], es decir, que hay sufrimientos que nos los buscamos porque nos falta el orden. Por ejemplo: «Es que no encuentro las llaves...». Bueno, si no las dejara cada día en un sitio diferente, sería más fácil encontrarlas. «Es que me quedo sin dinero la primera semana del mes...». Tal vez puedo moderar los gastos cuando llega la nómina... Si empieza a hacerse frecuente que uno llega mal preparado a los exámenes, o que cada año tiene más kilos encima, o que parece imposible encontrar tiempo para hacer oración o para leer..., quizá todo eso podría mejorarse mucho con orden: orden en el horario, orden en las cosas, orden en el uso del dinero... El orden es signo de que una persona es virtuosa, que tiene un corazón bien construido, con madurez interior. Pero, ¡ojo!, no confundamos ser ordenados con ser maniáticos o perfeccionistas: si eres de los que hiperventilan porque te han entretenido unos minutos, o porque te han movido la servilleta unos centímetros, no eres ordenado, eres un maniático. Relax, paz y buen rollo, que también el orden requiere equilibrio...

La *alegría* es otra característica de la vida virtuosa. Consiste en no andar buscándole tres pies al gato, sino fijarse en el aspecto positivo de todas las cosas; en enterrar la queja; en ser agradables con los

---

[2] *Serva ordinem et ordo servabit te.*

demás, tratar de contagiar ilusión, esperanza, amor...

La *obediencia*, otra virtud doméstica preciosa que —aunque no está de moda— tiene mucha importancia. Los padres de familia tienen autoridad y deben tenerla. No es que tengan que ser autoritarios, no, no. No es que deban ser mandones ni chillar ni... No, no, no se trata de eso. Pero sí se trata de que los hijos aprendan que en casa hay dos personas —papá y mamá— que son los que toman las decisiones más importantes y que —por la experiencia que tienen y, sobre todo, por la responsabilidad que Dios les ha dado— es a ellos a quienes hay que hacer caso siempre. Todas estas cosas, a largo plazo, son un secreto para tener una familia feliz. Un hijo a quien se le consiente que sea desobediente desde pequeño será más adelante un caprichoso y un tirano. Y eso, a la larga, terminará haciendo de él un tipo infeliz que perjudicará a los demás.

Por tanto, cultivar estas virtudes humanas en casa desde el principio, desde que los niños son pequeños, contribuye no solo a que seamos buenos cristianos, sino también a que seamos felices, a que estemos contentos, a que las cosas marchen bien, a que todo vaya sobre ruedas.

Otra virtud maravillosa de la Sagrada Familia es la *laboriosidad*. Consta por el Evangelio que san José era carpintero. Y esto también tiene interés y trascendencia: significa que san José no era un hombre ocioso; que no vivía de las rentas; que no se pasaba el día descansando, sino que para llevar el pan a la mesa de su mujer y del Niño tenía que trabajar. San José tendría que madrugar, cumplir los plazos previstos y hacer bien los encargos que le habían realizado. Nadie le regalaba las cosas, y ser de la estirpe real o tener en casa al Rey del cielo no le hizo perder el sentido de la responsabilidad... Ser laboriosos es sumamente importante en todas las profesiones y vocaciones: no nos debemos consentir ser perezosos, vagos o negligentes ni esperar que otros hagan las tareas por nosotros ni vivir siempre al límite cumpliendo nuestras obligaciones cuando ya no queda más remedio... Hemos de tener iniciativa y creatividad, procurar hacer todo el bien posible e incluso ser previsores, que significa adelantarnos a los acontecimientos. Para descansar, conviene antes haberse cansado...

Es verdad que vivir así es *contracultural*, es decir, que no es lo más corriente. Para mucha gente, lo ideal sería cobrar como un deportista de élite trabajando lo mismo que el que está de excedencia; que nos tocara algún sorteo millonario o nos asignaran una paguita o una subvención... Quien piense así debe leer más la Biblia: «El que no trabaja, que no coma», dice san Pablo[3]. Tener proyectos e ilusiones

---

[3] *2 Ts* 3, 10.

siempre ayuda, una tarea entre manos que redunde en beneficio de otros, no estar ociosos, no perder tiempo, no volvernos zánganos… Todo esto lo aprendemos de la Sagrada Familia.

Austeridad y modestia

El inicio y el final de la vida de Cristo —Belén y la Cruz— son momentos de absoluta pobreza. Durante el resto de su vida vivió con austeridad. La pobreza extrema consiste en no tener nada, carecer de lo esencial, de lo elemental para vivir, no disponer de qué comer ni con qué vestirse… Y esa pobreza extrema no es un bien deseable: la Iglesia hace cuanto puede por erradicar la pobreza extrema en todas partes, especialmente en el tercer mundo, y a través de Cáritas, Manos Unidas y otras muchas instituciones. Pero la austeridad sí es un valor profundamente cristiano. La austeridad consiste en tener lo necesario para vivir sin apegarnos a las cosas, que estemos contentos de lo que ya hemos alcanzado, que no ambicionemos codiciosamente, que no vivamos con insatisfacción permanente por lo ya logrado. La Sagrada Familia de Nazaret vive con austeridad: tienen lo necesario para vivir, sin ambición ni codicia, sin caprichos innecesarios, sin acumular cosas superfluas e innecesarias.

Además, viven con modestia: esto es, sin hacer ostentación, sin ir presumiendo, no tratan de lucir lo que han conseguido, no les va el «postureo» de quien cuelga las fotos de los sitios de lujo que visita o de los manjares que se permite... Es una vida discreta, nada dada a lo extremoso. Es una familia sencilla que no busca popularidad: pasan inadvertidos, hasta el punto de que sus vecinos no llegaron a saber que eran «la Sagrada Familia...». No consta que les hicieran un monumento en Nazaret ni que la gente comentara: «Aquí viven la Santísima Virgen, el Mesías y san José».

La Santísima Virgen vivía ahí, pero con tanta sencillez y humildad que quizá ni sus vecinas se dieran cuenta de que era la mejor mujer que ha vivido jamás en la historia: tan discreta, tan alegre, tan buena, que tampoco salió en los periódicos ni se hizo famosa... Ni ella misma se da importancia. No les va la publicidad, tienen una preciosa vida sin brillo. Y esto es también un ejemplo fabuloso para nosotros... Llama la atención en el Evangelio que Jesús —ya en su edad adulta— con mucha frecuencia se retiró solo, a orar, o a conversar discretamente con una persona, por ejemplo, con Nicodemo o con la mujer samaritana. Es decir, el Señor va huyendo de la gloria mundana, de la fama y los aplausos. En varios pasajes dice: «Querían hacerlo rey, pero Él se les escabulló». La Sagrada Familia de Nazaret pasó 30 años de vida anónima, de vida común, de vida —también podríamos decir— monótona, porque tampoco consta que hicieran cosas excepcionales ni que san José montara una multinacional de la ebanistería e hiciera giras por Asia, ¿no?

Todo esto nos hace mucha falta. De alguna manera, tenemos el peligro de identificar la santidad con hacer *cosas grandes*. Pensamos en los santos y nos acordamos enseguida de los que hicieron cosas más importantes: de san Francisco de Asís, al que le salieron estigmas en las manos; del padre Pío, que se apareció a un piloto de avión en pleno vuelo junto a su ventanilla; o de san Francisco Javier, que predicó en muchos países y bautizó a decenas de miles de personas en una sola semana... Viendo estos ejemplos, uno piensa: «Si yo quiero ser santo, tendría que hacer cosas así, ¿no? Espectaculares, impresionantes, descomunales...». Pues parece que no: si quiero ser santo, tengo que hacer en mi vida ordinaria lo que Dios me pide. Cada uno tenemos una misión que cumplir en nuestras circunstancias. Pemán, en *El divino impaciente*[4] —una biografía teatral y en verso preciosa, sobre san Francisco Javier—, pone en boca de san Ignacio esta frase magnífica: «El encanto de las rosas es que, siendo tan hermosas, no conocen que lo son», y también: «La virtud más eminente es hacer, sencillamente, lo que tenemos que hacer». Puedo ser santo en un piso de 40 metros cuadrados, en el extrarradio de una ciudad irrelevante. Sí, y puedo ser santo fregando es-

---

[4] Cfr. J. M.ª PEMÁN, *El divino impaciente* (Edibesa, Madrid 2006).

caleras, sacando adelante a mi familia o yendo cada día a un trabajo monótono que no me hará famoso... Eso es lo que vemos en la Sagrada Familia de Nazaret. Así se hicieron santos Jesús, María y José.

Como el salmón

Quinto y último rasgo: están en el mundo sin ser mundanos. Puede ayudarnos, a este respecto, leer dos pasajes que tienen mucho calado.

Uno de ellos es una oración de Jesús en la Última Cena. Jesús se estaba despidiendo de los apóstoles y les estaba dando algunas recomendaciones. En ese contexto, dirige una oración a Dios Padre, su oración sacerdotal, en la cual pide: «Te ruego por ellos, Padre: no te pido que los saques del mundo, sino que los guardes del maligno»[5]. Esta expresión tiene miga. ¿Qué significa? «No te pido que los saques del mundo»: Uno se sale del mundo cuando no quiere convivir con el resto de la gente; se sale del mundo cuando vive en una burbuja aislada del resto de las personas; cuando pretende no mezclarse y no juntarse con quienes no son como él. Por ejemplo, hay un clan norteamericano muy particular —los *Amish*— que viven en algunos poblados en los que no admiten nada de lo que ha conseguido la modernidad, ni siquiera electricidad,

---

[5] *Jn* 17, 15-19.

desean vivir como se vivía hace unos siglos. Viven aislados y no marchan a las grandes ciudades ni quieren participar de la vida moderna. Eso es salirse del mundo: vivir en la tierra, pero como si fueran de otro planeta. La Sagrada Familia, por el contrario, no vive aislada —sin mezclarse con nadie, sin relacionarse con los demás—, sino que vive inserta en el mundo. San José hace en su carpintería puertas, mesas y taburetes para el resto de los nazarenos. Probablemente, los vecinos conocen su trabajo y reconocen al de la carpintería: «A mí me ha trabajado muy bien, me hizo unas baldas y unas estanterías fantásticas, te lo aconsejo...». Es un hombre que está metido en el mundo. Y María va a la compra, y compra fruta, pescado, carne, y conoce a sus vecinas, y visita a una porque se ha puesto enferma, y le da el pésame a otra porque murió su padre... Tienen amigos, tienen relaciones personales, están incorporados a la sociedad. Esto es precioso.

Dice Jesús: «No te pido que los saques del mundo, sino que los guardes del maligno...». ¿Y por qué dice esto? Porque, efectivamente, viviendo en el mundo, uno podría sucumbir a un estilo de vida que no es bueno, sino mundano. ¿Y cuál es ese estilo de vida mundano? Vivir con las mismas aspiraciones, sueños, deseos y costumbres de quienes viven lejos de Dios. Si una persona, por ejemplo, tuviera vicios, y tratara a los demás en el trabajo como peldaños que tiene que pisar para llegar más arriba... Si una persona soñara con hacerse rico, porque en el fondo su aspiración fuera ser célebre y famoso... Si una persona vive así, no solamente está viviendo en el mundo, sino que está viviendo una vida mundana, frívola, superficial, que es incompatible con ser cristiano. Estilo de vida mundano y cristiano no son compatibles. No ha habido ningún santo mundano. ¿Pensáis que la Sagrada Familia participaba de las fiestas paganas de los romanos? En absoluto. No, no van por ahí, no les interesa. ¿Pensáis que participan de las conspiraciones de los zelotes para organizar una guerrilla y pasar a cuchillo a los soldados romanos? Tampoco, no les interesa. Todo lo que huele a mundanidad, a pecado, a superficialidad, a frivolidad, todo lo que no agrada a Dios, lo descartan. Y pensaréis: «Bueno, pues entonces vivían en el mundo, pero debían de ser bastante diferentes a las demás familias...». Pues sí, efectivamente: tienen el coraje de ser distintos. Tienen el valor de atreverse a ser diferentes. Y, también hoy en día, una familia que quiera ser profundamente cristiana tiene que vivir con este estilo.

Primero, estar en el mundo, es decir, no buscar relacionarme solo con personas que piensan como yo, viven como yo, votan lo mismo que yo y visten de la misma manera que yo. No, no, sino estar abierto a saludar, a conocer, a ser colaborador en el trabajo, a ser compañero en la oficina de mucha gente diversa, distinta, no tener miedo a relacionarse con los demás.

Pero, al mismo tiempo, atreverse a ser distinto. Y te dirán con sorna:

—«¿Tú vas a Misa todos los domingos?».

—¡Pues sí, naturalmente, claro, por supuesto!

—«¿De verdad llevas 25 años casado con la misma mujer...?».

—¡Desde luego! Solo algunos hombres tropiezan dos veces en la misma piedra... ¡Con haber tropezado una, tengo suficiente! —puedes contestar, ¿verdad?

Así que, no, no, atrevernos a ser distintos, diferentes. Tener el valor de vivir una vida profundamente cristiana, sin aislarnos o meternos como en un gueto o una burbuja. Vivir insertos en la sociedad, pero con criterios profundamente cristianos.

Y el segundo pasaje sobre este quinto punto de vivir en el mundo sin ser mundanos, que también puede ayudaros, está en la Carta que escribió san Pablo a los romanos: «Os exhorto, hermanos, a que presentéis vuestros cuerpos como hostia viva, santa, agradable a Dios. Este es vuestro culto razonable. Y *no os ajustéis* a este mundo»[6]. ¿Qué significa «no os ajustéis a este mundo»? No pretendáis ser como todos. Hay quien —para evitar que se metan con él o

_____

[6] *Rm* 12, 2.

que lo rechacen— intenta hacer lo que todos hacen, pensar como piensan todos, opinar lo que piensa la mayoría... No, no, de ninguna manera: consiste en, respetando a los demás —sus opiniones, su manera de vivir y sus costumbres—, atreverse a ser distinto, a pensar como piensa Cristo, a vivir como vive Jesucristo y a defender lo que Él defiende. Todo esto con amabilidad, con simpatía, pero al mismo tiempo con coraje, con una gran valentía.

Dicen que los salmones son los únicos peces que nadan río arriba. Mientras que muchos peces están en el mar tranquilamente —porque no experimentan ninguna fuerza contraria— y otros peces de río nadan río abajo hacia el mar, el salmón disfruta nadando contracorriente. Ya sabe que va río arriba, pero eso le gusta... Ni se sale del río ni empieza a nadar hacia abajo, sino que —bien metido en el río— nada hacia arriba. Así vive la Sagrada Familia en Nazaret y así le pedimos al Señor que nos ayude a vivir, para ser de verdad familias cristianas.

9. CON PATA DE PALO
Y OLFATO ESPIRITUAL
Dos banderas

El padre Rupert Mayer fue un sacerdote jesuita que vivió entre 1876 y 1946, y que fue beatificado por san Juan Pablo II. Muchas personas visitan su tumba en Munich cada día. Este sacerdote era un buen patriota: había ayudado como capellán en la Primera Guerra Mundial y por esta razón había recibido la Cruz de Hierro, por su heroísmo al perder una pierna por atender a los soldados en el campo de batalla. Cuando llegó el ascenso de Hitler y del nacionalsocialismo en Alemania, Rupert Mayer fue de las primeras personas que se dio cuenta con *olfato espiritual* de que aquello no conduciría a buen término. Fue muy clarividente.

Ya iniciada la Segunda Guerra Mundial en 1939, todo el mundo entendió que Hitler era un loco y que millones de personas perderían la vida si él ganaba la guerra. Además, en los campos de concentración pretendió exterminar al pueblo judío y a otros muchos colectivos (personas con discapacidad, católicos, gitanos, etc.). Pero ¿cuántos alemanes se dieron cuenta de aquello a principios de los años 30? ¿Y cuántos lo descubrieron antes todavía, en los años 20? Seguramente, no muchos. Este sacerdote, Rupert Mayer, fue uno de ellos. Rupert Mayer avisó a los miembros de la Congregación Mariana de Munich de que había —al menos— tres características de Hitler que eran diabólicas[1]:

- La primera es que Hitler exageraba y mentía abiertamente, sin escrúpulos: un día decía una cosa y unos días después, la contraria.

- En segundo lugar, Hitler era un hombre ególatra. Le gustaba ser llamado el Führer, que en los edificios públicos e incluso en los hogares se pusiera alguna fotografía suya y que todo el mundo pensara en él.

- Y, en tercer lugar, el padre Rupert Mayer se daba cuenta de que los jóvenes que se acercaban a aquellos ambientes del nazismo se contagiaban de odio: de odio a los extranjeros; a los adversarios políticos, como los comunistas; y, en particular, a los judíos. El efecto de asistir a los mítines era este: rabia, indignación, odio.

Y el P. Mayer no tuvo duda: afirmó que estos eran signos del diablo. En efecto, la mentira, la soberbia y el odio nunca proceden de Dios... Muchas

---

[1] Cfr. J. RATZINGER, *De la mano de Cristo* (EUNSA, Pamplona 2007).

personas le decían al padre Rupert Mayer: «Pero, padre, si Hitler está prometiendo una regeneración de Alemania, si además va a poner en marcha la construcción de muchas obras públicas, si va a devolvernos el empleo y la prosperidad». Pero él respondía: «Donde está el diablo no se construye nada duradero, todo será un engaño». ¿Cómo pudo averiguarlo con 20 años de antelación al inicio de la Segunda Guerra Mundial? Lo pudo adivinar porque era un hombre formado en la escuela de los *Ejercicios Espirituales* de san Ignacio, había hecho muchas veces esta meditación de *Dos banderas*[2], y tenía ese cierto *olfato espiritual* que permite descubrir por dónde está el rastro del Señor y qué otras cosas tienen un *tufillo* que no parece de Dios, aunque en apariencia estén disfrazadas con la propaganda.

Esa es la gracia que vamos a pedir al Señor para nosotros: que nos conceda este olfato espiritual de los santos para descubrir lo que viene de Dios y también lo que no marcha, lo que huele mal, lo que no nos ayuda y nos puede perjudicar espiritualmente. Pediremos la gracia de «conocer interiormente los engaños del demonio y de no dejarnos llevar por ellos, y también la gracia de conocer la vida verdadera que nos muestra Jesucristo, Sumo y verdadero Capitán, y gracia para imitarle».

---

[2] Cfr. *Ej.* 136-148.

Estamos en guerra

Hay un mundo que escapa a nuestros sentidos corporales. Con la vista, con el oído, con el tacto, con el gusto, podemos ver a muchas personas, ver paisajes, ver ciudades, ver la naturaleza, pero hay cosas que no se ven con los ojos y que, sin embargo, existen. Hay cosas también que no se escuchan con los oídos y que, sin embargo, son reales. A un niño se le puede explicar fácilmente: «Aunque no veas las ondas del microondas, calientan tu vaso de leche. Las ondas existen, aunque tú no las veas». Hay todo un mundo que escapa a nuestra vista, que es el mundo de Dios: de los ángeles, de los santos... Pero también existe, desgraciadamente, el mundo de las tentaciones del maligno, el mundo del diablo y de sus ángeles, que no se ven con los ojos, pero son reales, existen, y a veces tratan de seducirnos como a Adán y a Eva, a veces tratan de alejarnos de Dios de una forma sutil y engañosa, disfrazados de buena apariencia.

San Ignacio nos propone una imagen que, aunque él se compuso en su mente, y en ese sentido podemos decir que es imaginaria, tiene fundamento real. Es decir, él le pone colorido a esta imagen que nos describe, pero el fondo y lo que enseña en esta meditación existe verdaderamente. Nos aconseja que imaginemos un gran campo de batalla: podéis imaginar una pradera de muchos kilómetros de extensión, en la cual están dispuestos dos ejércitos listos para luchar. En un extremo, un ejército; y, en el otro extremo, el otro. Cada uno de ellos ocupa un espacio, cada uno tiene un líder que lo dirige, cada uno tendrá también una estrategia, unos propósitos, un objetivo final. ¿Imaginarnos un campo de batalla?, ¿esto es verdad? Bueno, no exactamente con estas palabras: no sabemos que en ningún lugar concreto de la tierra hayan luchado Jesucristo y Satanás cuerpo a cuerpo, sus ejércitos unos contra otros, como en esa gran pradera. Pero la verdad de fondo que expresa sí es cierta, y es que estamos en medio de una guerra. Aunque no veas trincheras a tu alrededor ni huelas a pólvora, hay una gran guerra que se está librando, y es la guerra entre el bien y el mal, entre el pecado y la gracia, entre Jesucristo y Satanás. Es una guerra que se libra en todas partes. Ningún país se ve libre de ella. Ninguna ciudad está exenta de esta lucha. Ninguna familia, ni siquiera ninguno de nosotros: también en nuestro interior, hay muchas veces una batalla interior. Uno sabe lo que tiene que hacer, pero le cuesta esfuerzo, por eso tiene que luchar. Y uno a veces sabe lo que tiene que evitar, pero le atrae con mucha fuerza. De alguna manera tenemos que defendernos contra esas tentaciones. Ser bueno no es fácil, tiene su complejidad y a veces cuesta mucho sacrificio. Tiene uno el peligro de ser engañado, como en una guerra en la que te pueden golpear, no porque tú hayas sido más débil, sino porque has sido más torpe y no te has dado cuenta de por dónde te venían los enemigos.

Así sucede en nuestro corazón y así pasa también en nuestro mundo. Cuanto más queremos seguir a Cristo, más tenemos el riesgo de no dar con lo fundamental y de ser seducidos y engañados. Con buena voluntad y sin pretender ofender a Dios, podemos —año a año— irnos alejando de Él.

Satanás, el mal caudillo

Vamos a describir estos dos ejércitos que combaten en ese gran campo de batalla. A un lado, nos dice san Ignacio, está el demonio. Está sentado en una gran cátedra de fuego y humo. ¿Por qué debemos imaginarlo de esta manera? Porque el demonio es muy soberbio: por eso busca para sí mismo un lugar de honor, quiere quedar por encima de todos, como en un trono que se eleva por encima de todas sus huestes. Es un trono rodeado de humo, el humo de la confusión, el humo de la mentira. Cuando hay humo, no podemos ver bien qué es lo que tenemos cerca, y así suele el demonio actuar en ocasiones: rodeando de humo, de confusión, de engaño, nuestra vida, para que —de esta manera— nos confundamos y erremos en el camino que tenemos que tomar. El Maligno dispone de esbirros suyos que son su ejército, todos los ángeles caídos que le acompañan y que pretenden hacer daño y echar a perder a las almas. Él los envía por el mundo entero, a todas partes, para que vayan tratando de engatusar, enganchar y engañar al mayor número de personas posible.

Y les da una instrucción, y es que lo hagan *seduciendo* a las personas. Claro, si viniera el demonio y nos dijera: «Vente conmigo al infierno, vamos a luchar contra Dios…», cualquiera de nosotros le respondería: «¿Pero tú te crees que estoy borracho? ¡Jamás haría eso, no se me ocurriría!». Entonces, ¿cómo nos engaña? De una forma sutil, de una manera sibilina, paulatinamente… Él quiere encadenarnos para siempre en el infierno, pero —como eso no le resulta del todo fácil— primero tiende a nuestro alrededor como telas de araña, que son tan finas que parece que cualquiera las puede romper en un instante; y después va cubriéndonos con hilos más fuertes; más tarde, cuerdas y sogas; y, cuando ya uno está atrapado, entonces, cadenas, que él desea que sean definitivas en el infierno. Esa suele ser la táctica del diablo: irnos enredando cada vez más, pero sutilmente.

Con algún ejemplo podremos entenderlo fácilmente: hay muchos vicios que terminan siendo una gran esclavitud para el ser humano, pero que cuando uno los comienza, piensa que no van a suponer ningún peligro para él. Por ejemplo, el que comienza fumando droga y dice: «No, yo puedo dejarlo cuando quiera, lo hacen todos mis amigos, no tiene importancia, no estoy enganchado, en cualquier momento podría dejarlo». Eso es lo que piensa al principio, pero llega un momento en que es tal el placer que esto le proporciona y el hábito que ha adquirido, que ya no quiere dejarlo; más adelante no podrá dejarlo; y, con frecuencia, de esa droga pasará a otra y luego a otra más; hasta que llegue un momento en que esto le tenga tan enganchado que quedará aprisionada su voluntad y que se sentirá incapaz de salir de ese mundo.

Esto que sucede con las drogas ocurre también con el alcohol y con otros muchos pecados. ¿Cuántas personas hay adictas a la pornografía? ¿Cuánta gente no es capaz de dejar de mentir? ¿Cuántos son esclavos de un vicio que no pueden dejar? Si volvieran a nacer, no entrarían por ese camino, pero tienen la impresión de que ya no son capaces de dejarlo, de que les supera y no pueden librarse de esa adicción. Esa suele ser la estrategia del demonio y por eso conviene caer en la cuenta de esto antes de que nos veamos ya enredados y encadenados. Conviene que uno se libere de todo aquello en lo que el demonio le está atrapando porque quizá más adelante sea tarde.

¿Y cómo suele el demonio alejarnos de Dios e introducirnos en su terreno? San Ignacio dice que hay una escalera con tres escalones que —al irlos recorriendo— nos va haciendo incorporarnos a ese ejército. Esos tres escalones son la codicia, la vanagloria y la soberbia. Vamos a explicarlo despacio porque, si no, a alguno le puede parecer muy complicado. ¿Qué es la codicia? La *codicia* es, ciertamente, el deseo de tener muchas cosas, es la avaricia. La codicia es el deseo de hacerse rico, de tener bienes materiales abundantes y de sobra. La *vanagloria* es el gusto que siente quien presume de lo que ha adquirido. Es el gozo de que los demás nos valoren y nos acepten. La vanagloria está muy unida a la frivolidad, a la superficialidad, a buscar más el aplauso de los hombres y el agrado de la gente, que el agrado de Dios. Una persona vanidosa es la que quiere quedar siempre bien ante los demás: hará lo que convenga en cada momento y dirá lo que haga falta con tal de tener siempre a los demás a su favor. Y la *soberbia* consiste en considerarse uno mejor que los demás. El soberbio es la persona que no se deja corregir, es el que piensa que ya sabe todo lo que tiene que saber y, por eso, se impone a los otros y humilla a los demás. A veces trata con desprecio a la gente, porque se ha situado en una posición de superioridad con los otros. Puede terminar siendo arrogante e incluso cruel, porque en su interior no se considera débil y pecador, sino que —por su experiencia, por su formación o incluso por sus virtudes— le parece que está por encima de los otros.

Cuando una persona se aleja completamente de Dios, suele seguir este itinerario. Codicia, de ahí vanagloria, de ahí soberbia y de ahí todos los demás pecados. Me figuro que alguno de vosotros puede pensar: «Bueno, a mí esto nunca me va a suceder, porque soy una persona muy modesta, no tengo dinero, vivo una vida sencilla y, si no caigo en la codicia, ya no pasaré a vanagloria, no pasaré a soberbia, no caeré en los demás pecados». También alguna persona puede pensar: «Soy monja, o soy sacerdote. Hice mi voto de pobreza, de modo que la codicia ya está descartada, porque nunca tendré dinero ni bienes personales, no tengo bienes propios, luego ya estoy a salvo de las tentaciones del diablo...». Pero cuidado: la codicia no necesariamente es de bienes materiales, la vanagloria no es ir a fiestas de lujo en puertos deportivos de ciudades famosas, y la soberbia no es que uno se convierta en un dictador... Estos tres escalones están al alcance de todos y la tentación nos llega a todos. Da igual que uno haya hecho voto de pobreza o que uno viva en una casa humilde: también el maligno le podría ir introduciendo en su ejército con estos tres escalones.

Para comprenderlo bien, basta con que cambiemos estas tres palabras por tres sinónimos: donde dice *codicia*, poned *ansia por conseguir*. Donde dice *vanagloria*, entended *lucir*. Y donde dice soberbia, escribid *dominar*. Y esto ya sí nos puede suceder a todos... ¿Quién no ambiciona conseguir cosas en la vida? Cosas buenas: sacarse el carnet de conducir, aprender a tocar un instrumento musical, aprender un idioma extranjero, ser admitido en una empresa para trabajar, que por fin me diga que sí esta mujer de quien voy detrás... A todos nos gusta en la vida conseguir nuestros logros, nuestros objetivos, nuestros planes, nuestros proyectos.

Y aquí viene el primer engaño. Si llega un momento en mi vida en que para mí lo más importante ya no es hacer la voluntad de Dios, ya no es agradar al Señor, sino *conseguir* mis objetivos, aunque estos objetivos sean buenos, ya voy por un camino peligroso. Y eso nos puede suceder a todos. Incluso a un sacerdote: si para mí el objetivo en la vida fuera conseguir resultados apostólicos, éxitos pastorales, seguridad económica para la institución a la que sirvo... Si el objetivo deja de ser agradar a Dios, para empezar a ser lograr mis planes, mis objetivos, no voy bien... ¿Quiere esto decir que en la vida no conviene tener metas e ideales, por si acaso nos ilusionamos demasiado? Noooo. Debemos ser diligentes, trabajar con ánimo e ilusión, pero rectificando la intención: ¿qué es lo que busco: la gloria de Dios o salirme con la mía? ¿Qué es lo que pretendo, Jesús, hacerte feliz o que yo logre al final de cada día sentirme satisfecho de mis triunfos, ponerme una medalla y felicitarme? Si el Señor quiere que saques ese título que estás buscando, sácalo; si el Señor quiere que consigas el carnet para conducir, obtenlo, pero no pongas en eso tu corazón, sino en agradar a Dios.

Me edificó mucho saber que en una congregación religiosa, cuando entraba una joven, se le preguntaba qué es lo que sabía hacer, y se le preguntaba si estaba dispuesta a no volver a hacerlo nunca más en su vida... Alguna decía: «Sé tocar el piano, o sé tocar el violín, hice siete cursos, ocho cursos...». «Muy bien, le contestaban. ¿Y estarías dispuesta a dejarlo de hacer el resto de tu vida?». Cuando alguna decía: «¡No, para mí esto es fundamental!», no la admitían en esa congregación... Y digo que me parece edificante porque de esta manera dejaban claro que en esa congregación no viene cada una a cumplir sus sueños, desarrollar sus capacidades y realizar todas sus metas personales: en esa congregación entran para agradar a Dios... Tal vez en algún momento sea preciso que toque el piano, pero, si para esa joven es más importante seguirlo tocando que agradar a Dios, ese no es su sitio. Creo que tenían razón... Tenemos este peligro cada uno. El de pensar que lo más importante en la vida es conseguir nuestras metas, nuestros propósitos, nuestros proyectos... Y eso es codicia espiritual.

De ahí es muy sencillo pasar al segundo escalón, que es lucir. Hombre, que cuando he conseguido esto, pues me gusta que los demás lo vean y que se den cuenta de mi capacidad, de mi valía. Y no lo hace uno con mala intención. Incluso piensa: «Noooo, lo que estoy haciendo es ponerlo al servicio de los demás... He conseguido comprarme este coche tan bueno y ahora estoy deseando llevar a mis amigos para que vean el coche que he conseguido». Lucirse es enseñar lo que uno ha alcanzado con el deseo de ser reconocido, valorado, admirado... Es un cierto afán de protagonismo y eso no lo quiere el Señor. No lo vemos en Jesucristo, no lo vemos en la Virgen ni en san José. Aunque José y María tenían al Niño Jesús en casa —el tesoro más grande de todo el planeta—, sin embargo, no van por la calle pavoneándose, presumiendo, sino que agradecen a Dios este don tan grande y al mismo tiempo viven con sencillez y con humildad, sin creerse mejores que nadie.

Y, cuando uno ha caído en la codicia por conseguir y en la vanagloria por lucir, el siguiente paso es muy sencillo: la soberbia, dominar. En las conversaciones, uno dice: «Sobre este tema, yo puedo deciros mucho porque, claro, es algo en lo que estoy muy formado... Sobre ese asunto dejad que sea yo quien busque la solución, porque me parece que lo haré mejor que los presentes, tengo más experiencia...». Sin darnos cuenta, nos ponemos por encima del resto: miramos a los demás por encima del hombro y eso es soberbia. El soberbio es el que se va endureciendo en su corazón, el que piensa que sabe todo, el que se indigna con facilidad, se irrita con frecuencia, porque le molesta que los demás le interrumpan, o que le lleven la contraria, o que propongan otras cosas... Y piensa que está rodeado de gente inútil, torpe, ignorante... Todo eso es soberbia. El problema es que —cuando uno ha llegado a ese tercer escalón de la soberbia— es muy sencillo que caiga en todos los demás pecados: el soberbio se consiente la gula, la lujuria y todos los demás pecados, y siempre tiene una disculpa: «No he podido hacer otra cosa..., esto para mí no es pecado...», y, cuando ya está así, es tan difícil salvar a esta persona... Ya tiene sogas y cadenas que lo aprisionan interiormente... ¿Quién podrá entrar en ese corazón para ayudarle a sanar?, ¿quién podrá hacerle ver que necesita ser perdonado y curado, porque lleva camino de llegar al infierno?

Jesucristo, sumo y eterno capitán

Esta es la estrategia del ejército del demonio, pero al otro lado del campo de batalla está Jesucristo. Nos propone san Ignacio que lo imaginemos en un lugar sencillo, humilde, gracioso, como un buen pastor que cuida de sus ovejas. Así es Jesús: es tan humilde, tan sencillo y al mismo tiempo tan bueno... Él también tiene sus colaboradores para esta guerra: son los ángeles, los santos y todas las personas que contribuyen a la extensión de su reino, vivos y difuntos.

Nosotros queremos ser parte de este ejército de Jesús y luchar en la vida contra el mal bajo su bandera, ser de los suyos. ¿Y qué es lo que Jesús hace? Envía a sus colaboradores y los anima para que busquen la salvación de las almas, para que busquen ayudar a todos. No atar y aprisionar, no, no, *ayudar* a todos. Y, para eso, han de animar a todos a que suban esta otra escalera de tres peldaños: primer peldaño, pobreza espiritual; segundo, deseo de oprobios y menosprecios, y tercero, humildad. Y de ahí, todas las demás virtudes. Vamos por partes...

Pobreza espiritual significa desapego interior de las cosas de este mundo. Esa indiferencia con la que tenemos que mirar los bienes materiales y todas las demás cosas que no son Dios. Es aceptar un título, un vehículo, unos estudios, un dinero, solo en la medida en la que Dios lo quiere y puede ser una herramienta para cumplir su voluntad. Si Dios lo quiere y puede ayudarme a ser más santo, lo acepto. Si Dios no lo quiere o puede perjudicarme, lo rechazo. Pobreza espiritual es desapego del corazón, es no tener ambiciones, vivir sin ansias. Había un jesuita muy santo que fue confesor de santa Teresa de Jesús que se llamaba Baltasar Álvarez, y él decía que los deseos del amor propio inquietan nuestro corazón, lo ponen ansioso, desasosiegan, quitan la paz, nos vuelven impacientes, «tiene que ser ya», lo tengo que conseguir... Y se nota que son deseos del amor propio porque, una vez alcanzado ese deseo, tampoco deja una paz duradera, sino que uno tiene que ponerse a buscar otra cosa que se puede ambicionar. Una persona que está en el bando de Jesucristo es una persona que procura no tener ninguna otra ansia, que la de agradar a Dios, cumplir su voluntad y extender su reino. Y todo lo demás, si llega, bendito sea Dios y, si no, no pasa nada. Si lo quiere el Señor, lo recibo y lo acojo, y si me parece que no es voluntad de Dios para mí, no me interesa. Así que pobreza espiritual. Quienes han hecho voto de pobreza dan un paso más: no solo procuran vivir con pobreza espiritual y desapego interior, sino también pobreza material: viven con lo necesario y se han desprendido de todo lo que no es imprescindible para el desarrollo de su vocación.

Segundo paso, *deseo de oprobios y menosprecios*. Es lo contrario a la vanidad, a la vanagloria. El vanidoso pretende quedar bien, pretende siempre ser querido y admirado. El seguidor de Jesucristo, por el contrario, solamente busca el aplauso de Dios, y lo que opine el resto de la gente le trae sin cuidado... Es el que quiere que Jesús sonría, pero no le importa que haya gente que le ponga mala cara. Deseo de oprobios y menosprecios significa que uno desea compartir la suerte de Jesús: «Señor, tú has sido rechazado: ojalá sea yo rechazado por seguirte a ti... Señor, tú has sido despreciado: ojalá sea yo despreciado por ser tuyo». Eso es deseo de oprobios y menosprecios. No penséis que consiste en ser masoquista, en que a uno «le guste» que los demás le traten mal. No es eso. Es no pretender brillar ante los hombres, no querer llamar la atención ni buscar el éxito, sino ilusionarse con vivir con Jesús y con pasar inadvertido. La persona que intenta hacer lo que tiene que hacer, sin buscar protagonismo, esa ha entendido los deseos de oprobios y menosprecios.

Y el tercer paso es la *humildad*. El corazón humilde es el corazón blando. Es la persona que escucha a todos, la que no desprecia a nadie. Es la persona que aprende de todo y aprende de todos, la que se deja enseñar y la que se deja corregir, y esto es maravilloso. A todos nos encantan las personas humildes y a todos nos gustaría —creo— llegar a ser así. En el fondo nos gustaría. ¿Sabéis cuál es nuestro problema? Que queremos llegar a lo alto de esta escalera, al tercer peldaño, sin pasar por el primero y el segundo… Esto nos sucede muchas veces… Pensamos: «Me gustaría conseguir todos mis objetivos, lograr todo lo que deseo, tener todo lo que me hace falta y lo que me gusta… Me gustaría, además, que la gente se diera cuenta, y que todos me estimaran, me aceptaran, me reconocieran… y todo esto siendo muy humilde…». Aquí está nuestro error: para llegar a ser humildes, tiene que gustarnos esa escalera completa, que es el camino que nos propone Jesucristo: a la humildad se llega por la pobreza espiritual y las humillaciones, no por el camino de lograr y lucir los éxitos.

Esta meditación nos servirá para ser más sinceros con nosotros mismos y con el Señor: «Yo te dije, Señor, que quería ser seguidor tuyo, tu discípulo, tu amigo..., pero realmente ¿qué voy buscando en la vida? Si busco mi triunfo, mi riqueza, mi comodidad, mi placer, entonces —aunque no sea con mala intención— ya estoy en el campo del enemigo...». Aunque vaya a Misa, si lo que busco en la vida es conseguir, lucir, dominar, mi uniforme no es el del ejército de Cristo, sino el del diablo.

Podemos entonces recordar —como enseñaba el padre Rupert Mayer con su pata de palo— que es fácil y peligroso dejarse engañar... La gente pensaba: «Hitler nos va a construir carreteras, hará que nuestro país prospere, con él volveremos a ser una nación orgullosa de sí misma», pero les llevó a todos a la destrucción y a la muerte. Si queremos seguir a Cristo, hemos de escoger el camino de Cristo, que no nos promete placer, poder ni poseer, sino pobreza espiritual, pasar inadvertidos y humildad.

Otros pasajes de la Biblia

Algunos pasajes que pueden ayudaros también a hacer esta meditación:

- *Mateo 13, 24-30:* dice Jesús que en un campo crecían a la vez el trigo y la cizaña. Esto ocurre en el mundo y esto ocurre en nuestro corazón. Hay dentro de mí cosas buenas y cosas malas. A veces, el peor enemigo de los católicos no es un personaje público: el peor enemigo lo llevamos dentro. Es la ambición, la vanagloria, la soberbia.

- *1.ª Carta de san Pedro 5, 8-9:* dice san Pedro: «Sed sobrios, estad alerta, que vuestro enemigo, el diablo, ronda buscando a quién devorar. Resistidle firmes en la fe». Oye, pues entonces realmente estamos en guerra... Esto parece que va muy en serio, no es una broma.

- *Efesios 6, 12:* dice san Pablo: «Vuestra pelea no es contra hombres, sino contra los espíritus malignos». ¿Pero entonces existe el diablo? Naturalmente. ¿Y los espíritus malignos? No te quepa duda.

Algunas preguntas para vuestro examen de conciencia:

- ¿Qué peligros corre tu alma actualmente? Quizá no estás atado con cadenas y sogas, pero ¿hay cuerdecitas a tu alrededor?, ¿hay hilos que te aprisionan?

- ¿Ves el riesgo de querer ser a la vez cristiano y mundano? Es decir, ¿ves el peligro que tenemos de estar poniendo una vela a Dios y otra al diablo? Sinceramente, ¿cuál de los dos bandos de esta guerra crees que has hecho avanzar con tu vida hasta ahora? ¿El de Cristo o el de Satanás?

- ¿Cómo es tu adhesión al bando de Cristo? En este ejército luchamos muchos, y entre nosotros tenemos que estar unidos: ¿Tú contribuyes a la unidad del bando de Cristo o a veces —de una forma absurda— andas poniendo zancadillas a otros? ¿Cómo verías que en un ejército la infantería estuviera peleada con la caballería, la caballería con la artillería y la artillería con el mando...? Así nos sucede a veces en la Iglesia. ¡Qué prejuicios tan absurdos tenemos! «No, es que estos son de no sé qué grupo que no me gusta... No, es que aquellos son de un movimiento que no entiendo o no acepto...». Pero, hombre, ¿no luchamos en el mismo ejército? Tenemos que ayudarnos y hablar bien unos de otros, que vamos remando en la misma barca.

- Última pregunta: ¿Vives tu vida como un combate en el que hay que luchar o con cierta ingenuidad? Hay personas que piensan que el mundo es como las montañas de Heidi, donde no hay peligros y todos son animalitos silvestres agradables y bonitos... Oye, ¿tú te das cuenta de que hay lecturas que son un daño para tu alma? ¿Y series, medios de comunicación, compañías y personas que —si te acercas y empiezas a vivir la vida que te proponen— te van a alejar de Dios? Es decir, ¿tú te das cuenta de que este ejército nuestro tiene enfrente a otro ejército, o vives con la ingenuidad de pensar que todo es bueno, tu alma no corre peligro y nada malo te va a suceder?

Bueno, como veis, esta meditación es seria y muy *heavy*. Hacedla con interés, pedidle al Señor olfato espiritual y valor en las batallas, para que seamos de veras buenos soldados bajo su bandera.

10. ME GASTARÉ Y ME DESGASTARÉ
La vida pública (Marcos 6, 30-51)

Para el próximo rato de oración os propongo que acompañemos a Jesús en una jornada completa de su vida apostólica. Recorreremos 24 horas en la vida de Cristo y, de esta manera, sabremos a qué dedicaba el tiempo, de quién se rodeaba, cuáles eran sus prioridades, para descubrir —y esto es lo más importante— matices, aspectos de su personalidad y de su Corazón. La gracia que pedimos al Señor es la del conocimiento interno de Cristo: «Señor, que vaya descubriendo cómo eres Tú y quién eres, para que —conociendo las riquezas interiores de tu Corazón— vaya aficionándome a ti, creciendo en la amistad contigo, queriéndote más, y así llegue a ser un buen discípulo tuyo».

El mejor amigo del hombre

Dice el Evangelio: «Los apóstoles se reunieron con Jesús y le contaron todo lo que habían hecho y lo que habían enseñado». Podemos imaginar la escena. Jesús ya había elegido a los doce apóstoles y había formado con ellos un grupo. Ellos iban a ser en el futuro las columnas de la Iglesia, pero todavía no lo sabían. Serían el fundamento del nuevo Pueblo de Dios, como los doce hijos de Jacob fundaron Israel con sus doce tribus de descendientes. La Iglesia es un nuevo pueblo, que ya no está limitado a las fronteras de Israel, sino que se extiende por el mundo entero.

Pues bien, los doce se reúnen para contar a Jesús lo que han hecho, porque Jesús —después de irles formando— les había enviado para hacer sus primeras *prácticas apostólicas*. Han visto a Jesús predicar, le han visto hacer milagros, atender a cientos de personas... Y ahora ellos son los enviados, de dos en dos, para invitar a la gente de los pueblos y ciudades que rodeaban el lago de Tiberíades a acercarse a Jesús: avisan dónde estará Él al día siguiente, para que todos los que quieran vayan a conocerle, porque el Señor estará encantado de atender a todas las familias.

Los apóstoles, haciendo caso a Jesús, comienzan estas primeras predicaciones y, al terminar una mañana agotadora, volvieron y le contaron lo que habían enseñado. La escena es preciosa: el Señor les está esperando, se alegra mucho de que vuelvan y de que cada uno cuente cómo le han ido las cosas y lo comparta con el resto... Algunos vienen entusiasmados, diciendo: «¡Señor, van a venir a verte cientos de familias de esta ciudad! Hay un interés extraordinario, los primeros que nos escucharon se lo han contado a otros... Esto es maravilloso, está dando mucho fruto, es genial lo que está ocurriendo». Tal vez vendrían otros, menos optimistas, diciendo: «Hemos recorrido pueblos enteros, pero no nos han hecho mucho caso, Señor. Quizá venga alguna familia, pero nos han dicho que mañana ya verán...». Tampoco hay que descartar que, en algún caso, algunos apóstoles encontraran personas que se les encararan, que les dijeran que Jesús de Nazaret no era el Mesías y que no sé qué fariseo iba diciendo que era un farsante... En fin, cada uno viene contando lo que le ha ocurrido en su apostolado y el Señor les acoge a todos, escucha a todos con sumo agrado, les está agradecido porque sabe que los apóstoles han ido por los pueblos porque le quieren a Él, porque participan de sus ansias redentoras, de su deseo de salvar a todas las almas... La escena es maravillosa.

Sigue diciendo el Evangelio: «Él entonces les dijo: "Venid también vosotros aparte a un lugar tranquilo para descansar un poco, porque andaban fatigados y no tenían tiempo ni para comer", y se fueron en la barca aparte a un lugar solitario». Qué preciosidad... El Señor no les trata como si Él fuera solamente *su jefe*, no les habla como un capataz a su cuadrilla: «¿Habéis hecho vuestro trabajo? Pues tomad vuestro salario y marchaos a casa...». No, les trata como amigos: además de pedirles que evangelicen, está preocupado por cada uno. Se ocupa de que coman, de que descansen y de que humanamente encuentren también la satisfacción de estar a gusto entre amigos. Creo que este es un rasgo importante. A veces nos hacemos una idea equivocada de Dios, ¿verdad? Como si al Señor solamente le importara que vivamos sin pecados y lleguemos al cielo, y todo lo demás no le incumbiera... No es así: Jesús les dijo: «Venid a descansar un poco, porque andaban fatigados y no tenían tiempo ni para comer». De modo que el Señor también quiere que descansen, que repongan sus fuerzas, que estén contentos y tranquilos, que coman, que disfruten... Es precioso esto. Al Señor le interesa nuestra vida espiritual y también nuestra vida corporal... Todo lo tuyo le importa: si estás sano, si has conseguido un empleo, si te va bien con la novia con la que sales desde hace meses, si marchan adelante tus estudios en la universidad...

Todo lo tuyo le importa. No hay que pensar que el Señor solamente se afana por una faceta de tu vida, un único aspecto de lo tuyo, en absoluto. Aquí descubrimos la profunda delicadeza y ternura del Señor, su profunda humanidad. Quiere de verdad a los apóstoles, no los utiliza, no pretende que trabajen para Él y después se olvida de ellos... No, es su amigo, ¡su amigo! Y entonces dice el Evangelio: «Se fueron en la barca a un lugar solitario». La escena parece bucólica, idílica, ¿no crees? Cerrando los ojos, uno puede imaginarse el lago de Tiberíades, que es bastante grande (21 kilómetros de largo por 12 de ancho). Allí vemos en la barca a estos doce apóstoles descansando con Jesús. Y Él, que conoce que hay una cala, una playita en no sé qué extremo del lago, les indica la dirección hacia la que tienen que ir.

Con la mirada lo dice todo

Han extendido las velas, alguno de ellos va al timón, y los demás —que acaban de terminar de comer las provisiones que llevaban en la barca— se han echado a descansar en la sobremesa sobre la cubierta de la barca. Pasaron toda la mañana en los pueblos y ahora descansan en un silencio apacible mientras toman el sol y escuchan el rumor de las olas. Aquello debió de ser como un anticipo del cielo, porque estar entre amigos con Jesucristo, rodeados solo por la soledad del lago, con el sol sobre su frente, es excepcional... Pero mirad lo que sucede entonces: les vieron marcharse, muchos cayeron en la cuenta de hacia dónde se dirigían, y fueron allá corriendo a pie de todas las ciudades y llegaron antes que ellos. Así que los apóstoles se han echado la siesta pensando que iban a tener una tarde para descansar con Jesús en la playa —barbacoa y chapuzón asegurados— y no saben que la gente está andando o corriendo por el perímetro del lago en dirección a esa cala donde los doce pensaban pasar la tarde descansando. Y lo cierto es que, cuando llega la barca, ya les están esperando allí... La escena es un poco cómica. Imaginaos el momento. La barca llega, toca tierra, se despiertan con ese golpecito, levantan la cabeza los apóstoles, ¿y qué se encuentran? No esa playa paradisiaca que esperaban para descansar, sino miles de personas que llaman a Jesús... «¡Jesús, aquí, por favor!... Escucha, tengo un hijo enfermo... Atiende a mi mujer... ¡Ayúdame!». Y los apóstoles se quedan sorprendidos, pensando: «¿Pero de dónde ha venido toda esta gente?, ¿cómo han llegado aquí?, ¿quién les ha dicho que vengan?...». Y ahora asombraos de lo que dice el Evangelio: «Jesús, al desembarcar, vio mucha gente y sintió compasión de ellos porque estaban como ovejas que no tienen pastor y se puso a enseñarles muchas cosas».

Este detalle es colosal... Quizá para los apóstoles ha sido una mala noticia que esté llena de gente esa playa: está abarrotada de miles de personas que no les dejarán descansar... Pero Jesús no se enfada por que hayan venido, sino que siente compasión de ellos porque estaban como ovejas que no tienen pastor. Tal vez para los apóstoles, todas esas personas son... Puf, más trabajo: «Llevamos toda la mañana hablando a la gente por los pueblos, y ahora por la tarde —que venimos a desconectar—, más personas, más gente, más familias que atender...». Pero a Jesús le llega al Corazón la situación de tanta gente que se encuentra sola y sin esperanza, personas que están «como ovejas que no tienen pastor». La imagen es dramática. Esto sigue ocurriendo ahora: cuántas personas como ovejas sin pastor, personas que son buenas y nobles, que tienen intención de aprovechar la vida y de agradar a Dios, pero que no encuentran quien les oriente, quien les guíe y les cuide, nadie que les proteja.

Mucha gente piensa: «¿Quién podría aconsejarme lo que debo hacer?, ¿quién puede ayudarme con mis problemas?, ¿a quién puedo contarle, a quién le interesa lo que estoy pasando? Eso es sentirse como oveja sin pastor y dice el Evangelio que Jesús sintió compasión.

Es muy interesante fijarnos cómo mira Jesucristo a la gente: no mira con indiferencia, tampoco nos mira juzgándonos o rechazando a las personas que van por mal camino... La mirada del Señor es mirada de compasión. No nos mira con asco, o poniendo distancia, o como amenazándonos con castigos si no nos enmendamos... No es una mirada desafiante ni amenazadora, es una mirada llena de compasión. El Señor piensa: «¡Cómo me gustaría ayudaros! ¡Cómo me gustaría que me abrierais un espacio en vuestras familias y en vuestro corazón para poder enseñaros a vivir y para poder acompañaros en todos vuestros sufrimientos! La mirada del Señor sobre nuestro mundo es, por tanto, mirada de amor, y eso es conmovedor.

«Se puso a enseñarles muchas cosas». Antes veíamos que al Señor le preocupan todas las dimensiones y facetas de nuestra vida —que los apóstoles coman, que descansen, que estén a gusto, que disfruten—, pero, naturalmente, al Señor le preocupa mucho que nos formemos bien, que descubramos la verdad que es Él, que aprendamos a vivir, que caigamos en la cuenta de la bondad de Dios, del sentido de la vida, de las cuestiones más importantes que debemos tener claras. Una persona va dejando de ser «oveja sin pastor» cuanta mejor formación va adquiriendo. Ser personas de sólidas convicciones nos permite librarnos de muchos lobos, «tener la cabeza bien amueblada», las ideas en su sitio, saber distinguir lo verdadero de lo falso, lo bueno de lo malo. Y por eso Jesús les enseña muchas cosas. De modo que tampoco hay que pensar que al Señor solo le preocupe llenarnos el estómago, que descansemos y que lo pasemos bien, sino que le importa nuestro bien integral. Y nuestro bien integral es nuestro cuerpo y nuestra alma, es decir, también que tengamos sólidas convicciones morales y religiosas, de modo que sepamos conducirnos en la vida por el camino correcto. El Señor quiere la salvación de las almas. Y esta salvación de las almas no es solo que al morir lleguemos al cielo, sino también que en esta vida, aquí —en este mundo en el que estamos— vivamos con salud interior, con salud espiritual.

Y entonces dicen: «Era ya una hora muy avanzada cuando se le acercaron los discípulos y le dijeron: "El lugar está deshabitado y ya es hora avanzada. Despídelos para que vayan a las aldeas y
pueblos del contorno a comprarse de comer». Me
parece que esta frase describe una escena simpática.
Los apóstoles habían pasado toda la mañana predicando. No habían podido descansar más que unos
minutos. Llevaban toda la tarde atendiendo a esos
miles de personas que habían aparecido para ver a
Jesús. Se ve que ahora están ya agotados de la multitud, de emplear todo el día al servicio de la gente,
y por eso le dicen a Jesús esta frase que suena un
poco a disculpa. Le están como diciendo: «Bueno,
Señor, ya es muy tarde y estos señores se tendrán
que ir a su casa... Que se vayan, que se vayan y que
vuelvan otro día..., pero ahora que se marchen...
Cada oveja con su pareja..., cada mochuelo a su
olivo..., que se vayan y nos dejen descansar».

Y el Señor, en lugar de darles la razón, les dice:
«Noooo, dadles vosotros de comer». Los apóstoles
pensarían: «¡Sí, hombre, lo que faltaba! Después de
atender a la gente, ¿ahora también nos van a costar
dinero? Esto es el colmo... Estamos agotados y encima ahora tendremos que gastar nuestro dinero en
darles la cena... ¡Jesús, que no somos el Banco de
Galilea!». Parece como si Jesús les estuviera pidiendo que fueran demasiado buenos... Terminar el
día extenuados y encima empobrecidos por tener

que emplear los ahorros en dar de cenar a toda esta gente. Si fueran tres o cuatro, pase; ¿pero esta multitud? Es demasiado... Y entonces, Jesús les dice: «¿Cuántos panes tenéis?». Tomó aquellos cinco panes y dos peces, les mandó que se acomodaran y Él hizo el milagro de la multiplicación. ¡Qué impresionante! El Señor les ha atendido, les ha enseñado muchas cosas y no quiere que marchen a casa con el estómago vacío... Qué delicadeza del Señor. Qué ternura, qué pendiente está de todo y de todos, no pierde detalle.

Lo que más estremece de esta y otras escenas es que vamos descubriendo el Corazón de Jesús y caemos en la cuenta de que esto no es algo del pasado... No es que Jesús *era muy bueno:* no, ese estilo de ser que vemos en el Señor, ese modo de atender a los demás, no es solo cómo era Él, sino cómo *sigue siendo en el presente.* Porque Jesucristo es así también ahora: preocupado por cada persona, interesado por todas las facetas de nuestra vida personal. Él tiene tantas delicadezas, tantas ternuras, tantos detalles de amor con nosotros... Nada se le escapa, está pendiente de todo, está atento a todos. Hay cientos, miles de cosas que nos suceden a diario que no son casualidad: son delicadezas del Señor con nosotros, misericordia entrañable del Señor con quienes somos sus amigos.

Hasta el viento le obedece

Continuamos leyendo: «Inmediatamente obligó a los discípulos a subir a la barca y a ir por delante hacia Betsaida mientras él despedía a la gente, y después de despedirse de ellos se fue al monte a orar». Les dice a los apóstoles: «Tomad la barca y volveos a casa... Adelantaos, que yo enseguida os alcanzaré». Se marchan los apóstoles en la barca y Jesús se va solo a la montaña a orar. Antes, se ha despedido de la gente: ha permitido que todas las familias puedan pasar a saludarle personalmente y ahora se ha marchado a orar. Esto tiene también mucha importancia. El Señor no es un *activista* de los que dedican 24 horas del día a resolver tareas y a zanjar asuntos... No, Él vive siempre en unión con el Padre.

Jesucristo vive siempre en presencia de Dios Padre, y habitualmente dedica tiempos prolongados a orar, a conversar con Él. Y entonces dice que, viendo que ellos se fatigaban remando, pues el viento les era contrario, a medianoche viene hacia ellos caminando sobre el mar. Dice «viendo que se fatigaban»: ¿y eso cómo lo podía ver, si le separan varios kilómetros en el lago de Tiberíades porque se le habían adelantado mientras Jesús estaba en la montaña orando? Bueno, pues porque Él es Dios y ve todo lo que sucede y está al tanto siempre de nuestra situación.

También en esto vamos a detenernos un instante: todo lo que te sucede lo ve el Señor. No te angusties pensando: «Estoy solo en esto..., no tengo nadie que me ayude..., es que nadie se ocupa de mí...». Nunca es así. Él ve todo lo que te ocurre y vendrá en tu auxilio como fue a ayudar a los apóstoles que estaban fatigados remando. Y entonces dice que fue caminando sobre el mar hacia ellos. ¡Qué escena!, ¿verdad? Y, viéndole caminar sobre el mar, creyeron que era un fantasma y se pusieron a gritar. Los apóstoles eran hombres ya fornidos, personas muy acostumbradas a bregar con el duro trabajo de la mar... La mayoría habría pasado ya de los 30 años de edad y tal vez de los 40, de modo que eran —como solemos decir— *hombres hechos y derechos*. Y, sin embargo, cuando a medianoche están agotados remando en el mar y ven a Jesús andando sobre el agua, gritan, chillan de pánico, de miedo, como si fueran niños pequeños asustados. También esto nos pasa a nosotros. Por más edad que tengamos, hay situaciones que nos desconciertan, que nos descolocan, que nos ponen al límite de nuestra capacidad... En esos momentos el alma grita, el corazón se rebela, se angustia y piensa: «¿Cómo voy a salir de esto?».

Y entonces él les dijo: «¡Ánimo, que soy yo, no temáis!». Me imagino que los apóstoles le dirían: «Pues, hombre, no nos des estos sustos, porque no esperábamos a nadie andando sobre el agua a las cuatro de la mañana...». Pero, al ver a Jesús, las risas de todos se debieron de escuchar en toda la anchura del lago... Y entonces subió donde ellos a la barca y amainó el viento. Y quedaron en su interior completamente estupefactos... Qué impresionante es esto. Jesús subió a la barca y, seguramente, hizo un gesto con los brazos como para mandar a las olas que se detuvieran y mandar callar al viento, mientras decía: «Shhhh». Y en ese preciso instante cesa la tormenta, amainan las olas, se detiene el viento y llega la calma. ¿Cómo no iban a quedarse todos los apóstoles alucinados? ¡Con la carne de gallina! ¡Con los pelos de punta! Y dicen: «Pero ¿quién es este?, ¿quién es realmente Jesús de Nazaret?...».

Es asombroso. No hay ningún hombre como Él. Cristo es tan completo, tan perfecto, tan profundamente humano..., que reúne todo lo que un hombre podría soñar, ¿verdad? Si lo pensamos detenidamente, todos tenemos algunas cualidades que compensamos con otras carencias: hay algún rasgo en nuestro temperamento que es muy positivo, pero eso lo atenúan otros rasgos que no tenemos... Por ejemplo, a veces las personas muy fuertes son poco delicadas, un poco brutas; y a veces a las personas muy delicadas les falta coraje, les falta energía para resolver los problemas... Pues esas dos cosas las tiene Jesús simultáneamente. También sucede que, cuando una persona es muy inteligente, normalmente se dan cuenta los demás, también se da cuenta él mismo y le falta humildad... Jesús, por el contrario, es inteligentísimo y humilde, cercano con los que sufren, atento con las personas más vulnerables. Jesús es también compasivo y enérgico: dice la verdad sin paliativos, es decir, llama a las cosas por su nombre, «al pan, pan; y al vino, vino». Pero dice las cosas de tal manera que no hiere, porque lo dice todo con amor. ¡Qué completo eres, Señor Jesucristo! Como dice un salmo: «¡Eres el más bello de los hombres!».

Pedidle al Señor la gracia de que le conozcamos mejor. Dice una máxima que a Jesucristo «es imposible conocerle y no amarle, amarle y no seguirle». Y es verdad: cuanto más se le conoce, más se encariña uno de Él; cuanto mejor se le conoce, más descubre uno la riqueza de su Corazón; y cuanto más vamos profundizando en cómo es el Señor, más deseos tenemos de ser sus amigos y de seguirlo, de ser sus discípulos y de estar siempre con Él.

Otros pasajes, por si ayudan

- *Juan 10:* Jesús explica que él es el buen pastor que cuida de las ovejas y que da la vida por ellas.
- *Marcos 10, 13-16:* en este pasaje, Jesús está predicando, se acercan unos niños y los apóstoles les apartan para que no estorben. Pero Jesús corrige a los apóstoles: Él no va buscando que le sigan solo personas célebres o notables, sino que tiene predilección por los enfermos, por los niños

—que a veces molestan a los mayores en sus planes—, por las personas que están más perdidas, etc. Su delicadeza es mayor con quienes le necesitamos más.

- *Lucas 9, 40-48:* cuenta cómo atiende a algunos enfermos.

- *Lucas 5, 29-32* y *7, 36-50:* Jesús recibe a pecadores.

- *Lucas 7, 11-17:* Jesús resucita al hijo de una pobre viuda. Se acerca a esta mujer, se compadece de ella y obra el milagro para que no quede del todo sola.

11. AMOR EXTREMO
La Eucaristía (Juan 13)

Nos adentramos ahora en las meditaciones de la pasión del Señor. Os sugiero que reflexionemos sobre la institución de la Eucaristía y que nos pongamos ante el Señor, que quiso entregarse por nosotros en este sacramento, el más importante de todos.

¿Por qué les lavó los pies?

San Juan explica en el capítulo 13 de su Evangelio cómo fue la Última Cena y lo hace de una manera muy curiosa. Enseguida lo veremos. San Juan fue el evangelista que escribió su Evangelio más tarde, de modo que había tenido tiempo —muchos años— para reflexionar sobre su propia historia personal y también para ver con una cierta perspectiva toda la vida de Cristo. Sus escritos nos acercan a los sucesos de la vida de Cristo no simplemente como un periodista que fue tomando notas sobre lo que vio de forma inmediata, sino como una persona que había dejado reposar en su corazón el efecto de todo lo que el Señor había supuesto en su propia vida, una persona que conoció al Señor, probablemente, con más profundidad que el resto de los apóstoles.

Abrimos el Evangelio por este capítulo y comienza de una manera muy llamativa: dice que Jesús, «habiendo amado a los suyos que estaban en el mundo, los amó hasta el extremo». Después sigue una introducción muy solemne, que está como enmarcando el acontecimiento que nos quiere narrar y lo presenta con gran ponderación. Y, al terminar ese párrafo largo, sigue hablando sobre el lavatorio de los pies... Esto llama mucho la atención, porque uno podría pensar: «Hombre, después de esta introducción tan solemne, lo lógico sería que nos hablara de algo verdaderamente trascendente, un momento que cambiara la vida de los apóstoles, como pudo ser la institución de la Eucaristía o la muerte de Jesús en la cruz». ¿Por qué presenta así el lavatorio de los pies? Ahora lo entenderemos mejor...

Una segunda cosa que llama la atención en este capítulo es que —por más que recorramos sus páginas— en ningún momento cita las palabras que Jesús empleó para convertir el pan y el vino en su Cuerpo y en su Sangre, es decir, para hablar propiamente de la institución de la Eucaristía, de ese misterio que llamamos *transubstanciación,* por el cual se cambia la esencia misma de esa materia —del pan y del vino— para transformarse en Jesús. Esto también resulta muy chocante. ¿Será que le arrancaron una página de su Evangelio a san Juan? ¿Será que no lo hemos entendido bien? ¿Cómo es posible que hable con tanto interés de un acontecimiento que parece secundario —el lavatorio— y que olvide algo tan fundamental? No, no se ha olvidado. Ahora lo entenderemos todavía mejor...

El lavatorio de los pies para san Juan es «un símbolo». Es algo que Jesús hizo para que pudieran entender otra cosa más importante. Por eso Jesús le dijo a Pedro: «Lo que yo hago tú no lo entiendes ahora, pero lo entenderás más tarde». ¿Qué es lo que más tarde entendió Pedro del lavatorio de los pies? Aquí viene la explicación más importante. El lavatorio de los pies, que es un hecho que sucedió realmente —un hecho histórico que ocurrió al inicio de la Última Cena— fue un signo de una extraordinaria humildad por parte de Cristo, que hizo Jesús para que los apóstoles pudieran entender después la Eucaristía. Vamos a intentar explicar esto bien.

Hay un pasaje de la carta de san Pablo a los filipenses en que dice: «Cristo, a pesar de su condición divina, no hizo alarde de su categoría de Dios. Al contrario, se despojó de su rango y tomó la condición de esclavo pasando por uno de tantos». San Pablo está hablando aquí del misterio del abatimiento de Cristo, que Cristo se despoja de su dignidad y asume el último lugar, el último puesto, el sitio más humilde. ¿Cuándo sucedió esa humillación de Cristo?

Toda la vida de Cristo fue una cierta humillación, un cierto anonadamiento, porque Él —siendo Dios— se hizo hombre; siendo todopoderoso se hizo débil; siendo fuerte se hizo vulnerable; siendo eterno entró en nuestro tiempo limitado... De modo que toda la vida de Cristo tiene un cierto aspecto de abatimiento o postración. Pero, a la vez, entendemos que este pasaje de san Pablo se cumple a la perfección en tres momentos de la vida de Cristo:

- En el lavatorio de los pies. Los patricios, señores ricos que tenían esclavos a su cargo, en aquella época en la que no estaban asfaltados los caminos, cuando volvían a casa de la calle, se sentaban, extendían los pies llenos de polvo y dejaban que sus esclavos se echaran al suelo y se los lavaran. Después ya podían continuar en su hogar con los pies limpios tomando otras sandalias, o descalzos en tiempo de verano. Es natural la sorpresa de los apóstoles cuando vieron al inicio de la Última Cena a Jesús hincarse de rodillas en el suelo, como solían hacer los esclavos ante los pies de sus señores.

- En el sacramento de la Eucaristía. Porque —si fue una humillación para Dios rebajarse y hacerse hombre— la máxima y la mayor humillación es que, siendo hombre, se haya introducido en un trocito de pan y se haya quedado en el mundo, en cada sagrario, en cada comunión, a nuestros pies, a nuestro servicio. Por la Eucaristía, el Señor se ha hecho todavía más pequeño que en el portal de Belén para entrar en nuestro corazón por la comunión.

- Y, finalmente, en la Cruz, el momento supremo de la vida de Cristo, su más absoluta humillación y destrucción. En aquella época, la condena a morir crucificado era considerada el peor castigo, la muerte más ignominiosa que se podía dar a un condenado.

Pues bien, es muy razonable pensar que Jesús lavó los pies a los apóstoles al inicio de la Última Cena para que después pudieran comprender el sacramento de la Eucaristía. Lavatorio, Eucaristía y Cruz no son —por tanto— tres misterios independientes de la vida de Cristo, sino que están conectados. El lavatorio explica la Eucaristía, la Eucaristía es el verdadero lavatorio de los pies, y la Eucaristía hace presente y perpetúa en la historia la entrega que el Señor realizó el Viernes Santo en la Cruz. Recordar esto nos ayudará mucho cuando nos acerquemos a comulgar: caer en la cuenta de que en la comunión recibo a Jesucristo que se pone —como en el lavatorio de los pies— de rodillas delante de cada uno, que nos ofrece su cuerpo destrozado anonadado, crucificado, y que nos invita a comerlo.

Las palabras con las que el Señor instituyó la Eucaristía nos ayudan a entender la actitud en la que el Señor está en cada sagrada forma. Efectivamente, él tomó el pan y dijo: «Esto es mi cuerpo *entregado*..., esta es mi sangre *derramada*». Esas dos palabras —entregado, derramada— son las palabras que se empleaban para hablar de las víctimas sacrificadas en el templo de Jerusalén. De modo que Jesús está hablando de que su muerte en el Calvario sería un sacrificio expiatorio, y que tendríamos su presencia sacrificada en cada Eucaristía. Quien está en la sagrada forma es Él, dando la vida por nosotros. Es decir, en la Eucaristía se actualiza la presencia de Cristo crucificado, de Cristo humillado que entrega la vida por nosotros.

Cuando fui párroco de un pueblecito pequeño, un niño de catequesis de comunión me hizo una pregunta que me dejó un poco descolocado. Les estaba explicando que en la sagrada forma está Jesús; que es Jesús; que al comulgar no recibimos una cosa, sino que recibimos a una Persona que está viva. La comunión no es una reliquia —como el hueso de un santo que se murió—, no, no: es Jesucristo vivo, con su cuerpo, con su sangre, con su alma, con su divinidad. Es Jesucristo de corazón palpitante, Jesús vivo y resucitado.

Este niño preguntó sencillamente: «¿Y qué es lo que está haciendo?». Le dije: «¿A qué te refieres?», e insistió: «Sí, ¿que qué está haciendo?, ¿está sentado, de pie, dormido, despierto...?». Entonces recordé algo que los sacerdotes estudiamos en el Seminario, pero que hacía tiempo que no pensaba: la Eucaristía es «Jesús dando la vida», es Jesús entregándose por nosotros, es Jesús crucificado y resucitado en cada sagrada forma. Jesús se pone a nuestros pies —como en el lavatorio— y nos lava como a aquellos apóstoles, nos cura.

Pedro sobreactúa

¿Y cómo reaccionaron los apóstoles cuando el Señor se puso a lavarles los pies? La mayoría de ellos debieron de reaccionar como era natural: con sorpresa, con perplejidad... Pensarían: «Pero ¿por qué hace esto el Señor con nosotros, si Él no es ningún esclavo, si nosotros somos solo discípulos suyos que tenemos que aprender de Él, si Él es nuestro maestro?...». Así pensarían Andrés, Tomás, Juan... pero hay dos apóstoles cuya reacción merece la pena recordar porque se distinguen del resto.

El primero de ellos es Pedro. Pedro es muy amigo de Jesucristo, le quiere mucho, pero sigue teniendo un corazón orgulloso. Y por eso a Pedro le gusta «hacer cosas por Jesús», pero no que las haga Jesús por él. A Pedro le cuesta mucho admitir que necesita ser lavado, que necesita ser perdonado, que es mucho más lo que tiene que recibir de Jesucristo, que lo que él —que es un poco fanfarrón— le puede aportar. A veces, cuando presume de humilde es, precisamente, porque es un orgulloso... Sin pretenderlo, Pedro da la nota, con su mejor intención quiere pasar por ser el más humilde de todos... Pedro es todavía un hombre bravucón que quiere amar a Jesús, pero que todavía no acierta a hacerlo como conviene...

Por eso reacciona de una manera un poco chocante. Le dice al Señor: «¿Lavarme los pies tú a mí? ¡No me los lavarás jamás!». «En todo caso, te los tendría que lavar yo a ti», se quedaría pensando. Y Jesús le responde esta frase enigmática: «Si no te lavo los pies, no tienes nada que ver conmigo». Aquí comprendemos que Jesús planteó el lavatorio de los pies no simplemente como un gesto de higiene antes de cenar, para que fueran a la mesa con los pies limpios... Cuando Jesús le dice: «Si no te lavo los pies, no tienes nada que ver conmigo», lo que le está diciendo es: «Mira, Pedro, yo he venido al mundo para ponerme a vuestros pies, y así salvaros y redimiros. Si no me dejas que te cure, si no me permites ser yo quien te salve, entonces no puedo hacer nada contigo. Si no me dejas ser para ti tu redentor y tu salvador, ¿qué clase de relación quieres que tengamos tú y yo?, ¿qué esperas ser: mi socio, mi colega...? Tú eres un hombre débil y pecador, y yo soy Dios venido del cielo para salvarte: si no me dejas ayudarte, ¿qué puedo hacer por ti?». Y entonces Pedro reacciona de esa forma un poco maximalista —él quiere nada o todo, permanentemente actúa así— y le dice: «Ah, no, entonces lávame el cuerpo entero», y Jesús zanja el asunto diciendo: «Uno que ya se ha lavado, solamente tiene que lavarse ahora los pies, y vosotros estáis limpios». De esta frase también podemos extraer un par de enseñanzas preciosas: ¿A qué se refiere Jesús con que los apóstoles ya están lavados? Pues se refiere a que ellos ya *son suyos*, son de Jesús, que Él ya los considera parte de su familia.

Al inicio del capítulo, el evangelista decía: «Jesús, habiendo amado a *los suyos*, los amó hasta el extremo». Jesús los considera suyos: no son simplemente gente que pasaba por ahí, que ha escuchado algún discurso de Jesús y que le ha suscitado un cierto interés. No, no, Jesús los quiere como algo de su propiedad. Son *sus amigos,* a los que Él lleva en el Corazón. «Los amó hasta el extremo»: el extremo es morir por ellos en la Cruz y seguir entregándose a ellos desde la Eucaristía.

«Uno que está limpio ya no necesita más que lavarse los pies, y *vosotros estáis limpios*». Esta frase también es chocante. ¿No sabía Jesús que todos sus apóstoles tenían pecados, imperfecciones y debilidades? ¿No se acordaba de que unos días antes habían estado discutiendo sobre quién era el más importante entre ellos? Jesús, ¿cómo dijiste eso sabiendo que Pedro te iba a negar esa misma noche? ¿Y no recordabas que Santiago y Juan —los hijos del Zebedeo— habían enviado a su madre para conseguir de ti para ellos un lugar distinguido? No, no es que Tú no conocieras sus torpezas —las conoces bien—, pero les quieres tanto, que les diriges una mirada indulgente, una mirada llena de bondad y de cariño.

Mirad, cuando queremos mucho a una persona, tendemos a comprender mejor sus defectos e incluso a disculpar las cosas que hace, y pensamos: «Bueno, seguro que se ha equivocado. No lo ha podido hacer con mala intención... Pero, hombre, ¿cómo va a hacer esto con mala idea mi hermano o mi hijo? No, no, esto es un error, seguro. Este amigo habrá debido de meter la pata, pero él no es malo... Es un chico formidable». Cuanto más queremos a alguien, menos minuciosos nos volvemos con sus pequeñas debilidades, somos menos exigentes con los detalles de su comportamiento, como que tendemos a comprenderlo todo y el cariño nos permite mirarle con benevolencia. Así es como mira Jesús a los apóstoles. También vimos que así es como miró el Señor a la multitud. Vio aquella multitud, recordaréis, y sintió compasión de ellos porque estaban como ovejas sin pastor. Quizá si nosotros hubiéramos tenido en la mirada «unos rayos X espirituales» que nos permitieran ver el alma y los pecados de aquellas personas, más que compasión, habríamos sentido una cierta decepción: «Menuda tropa, qué gentuza, cuánta chusma... El que no es mentiroso es un ladrón, el que no es ladrón es un vago, y el que no es un vago es un salido...». Pero el Señor no nos mira así: es tan bueno, y nos quiere tanto, que su mirada hacia nosotros es siempre mirada de amor y de compasión. Siempre. Y por eso les dijo a los apóstoles esta frase: «Vosotros estáis limpios, aunque no todos».

Judas no reacciona

Dijo «aunque no todos» porque sabía quién le iba a entregar. ¿Quién fue verdaderamente un dolor para el Corazón de Jesús esa noche? Judas Iscariote. Porque Judas, no es que tenga debilidades, flaquezas, imperfecciones... No, Judas ha dado la espalda a Jesucristo: ya no quiere saber nada del Señor y lo ha traicionado, lo ha vendido. Y esa noche solo está disimulando, queriendo aparentar que es uno más entre los apóstoles, cuando en realidad interiormente ya ha rechazado a Jesucristo. ¡Qué dolor para el Señor!, ¿verdad? Esta escena de la Cena con sus amigos —a los que quiere tanto— debió de ser también muy difícil para Jesús, porque en la Cena se desvela la traición de uno de los amigos más queridos.

Tanto quería el Señor a Judas, que lo llamó para ser apóstol y —no contento con eso— le encargó de la economía de aquel grupo. Judas era el que llevaba los dineros de los apóstoles y del Señor, y hay que tener mucha confianza en una persona para darle todos los bienes materiales que uno tiene. Por eso le duele tanto a Jesús la traición de Judas. Os decía que todos los apóstoles se dejan lavar los pies y que hubo dos que tuvieron un comportamiento distinto. Uno fue Pedro, pero hay otro apóstol en el que nos vamos a fijar, y ese es Judas. Podemos decir que actúa exactamente al revés que Pedro:

- Pedro *exteriormente* llama la atención, monta un numerito, pero *interiormente* quiere apasionadamente a Jesucristo;

- Judas, por el contrario, no muestra contrariedad *exteriormente*: «Ah, ¿que me quieres lavar los pies a mí? Bueno, pues tú sabrás. Gracias». Pero *interiormente* ha rechazado ya al Señor. Su comportamiento exterior, por tanto, es cínico, es hipócrita, está fingiendo...

¡Qué humildad la del Señor de ponerse también a sus pies y lavárselos con el mismo afecto que a los demás, a sabiendas de que Judas desde lo alto de su silla —donde está extendiendo las piernas para que Jesús le lave— ya lo ha rechazado! Es tremendo. Jesús está como agotando su amor con Judas, expresándole que le sigue queriendo. Por eso se ha puesto de rodillas ante él, por eso le lava los pies. Pero todo este esfuerzo extraordinario del Señor con él va a ser inútil, porque Judas ya no quiere a Jesucristo.

Antes veíamos que hay un paralelismo entre el lavatorio de los pies y la Eucaristía, y podemos sacar alguna conclusión para nuestra vida: en la comunión viene el Señor a nuestro encuentro. Entra dentro de nuestro corazón. Como dice el Papa Francisco, la comunión no es una recompensa para los que ya son perfectos, sino que es medicina para los que somos débiles y pecadores. El Señor nos lava, nos cura, pero uno puede acercarse a comulgar de muchos modos distintos y este pasaje del lavatorio de los pies nos ayuda a entenderlo:

- Uno puede acercarse a comulgar como Tomás, como Natanael o los demás: con humildad, reconociendo qué bueno es Dios que se pone a nuestros pies, con agradecimiento, con amor.

- Otros se acercan a comulgar «dando la nota» exteriormente: el que no va correctamente vestido, el que lleva las manos en los bolsillos, el que va despeinado. Estos recuerdan a Pedro y habría que aconsejarles que cuiden las formas, «que se corten un pelo», que aprendan a pasar inadvertidos con humildad entre los demás.

- Pero también uno podría —Dios no lo quiera— acercarse a comulgar como Judas. Y eso es recibir la comunión sacrílegamente. Cuando uno se acerca a recibir la comunión en pecado mortal, porque en su vida ha rechazado a Jesucristo de forma grave, puede que exteriormente no llame la atención, pero es un dolor grande para el Señor.

Qué importancia tiene todo esto, ¿verdad? Durante el año de pandemia del COVID, muchas personas querían comulgar y no pudieron hacerlo. Algunos nos expresaron a los sacerdotes su dolor y su preocupación: «¿Cómo vamos a quedarnos sin la comunión? Yo lo necesito, padre —nos decía la gente—, para mí es vital recibir al Señor». Les creo, porque a mí me ocurre lo mismo, pero quizá todo aquello que vivimos pudo Dios permitirlo providencialmente: quizá el Señor nos ayudó así a caer en la cuenta de que nos habíamos acostumbrado a comulgar, quizá algunos comulgábamos de cualquier manera —todos los domingos o incluso a diario—, quizá habíamos perdido la costumbre de confesarnos y prepararnos adecuadamente, tal vez habíamos olvidado que es un milagro infinito recibir a Jesús en la comunión. Ojalá todo lo que hemos vivido nos ayude a valorar mucho más la Eucaristía y a prepararnos mejor en adelante para recibir la comunión.

Quiero recordaros, sin embargo, que nuestra madre la Iglesia nos enseña que, cuando uno todavía no puede comulgar, puede hacer la *comunión espiritual*, que es una oración con la que expresamos al Señor nuestro deseo de recibirle y que tiene también una cierta eficacia espiritual. Naturalmente, en la medida de lo posible conviene comulgar sacramentalmente, pero cuando esto no es posible, la comunión espiritual es muy valiosa: «Yo quisiera, Señor, recibiros con aquella pureza, humildad y devoción con que os recibió vuestra Santísima Madre, con el espíritu y el fervor de los santos. Amén».

«También vosotros debéis lavaros los pies»

Prosigue este Evangelio que estamos leyendo, y a continuación les dice el Señor: «¿Habéis visto lo que he hecho? Vosotros me llamáis el maestro y el Señor, y decís bien porque lo soy. Pues si yo —el maestro y el Señor— os he lavado los pies, también vosotros debéis lavaros lo pies unos a otros».

De manera que Jesús es maestro y es Señor de esta forma: Él no se sitúa —como veíamos al demonio en la meditación de dos banderas— en una gran cátedra de humo. No. Jesús es maestro y Señor dando la vida por nosotros. Es rey universal entregándose por nuestra salvación en la cruz. Es todopoderoso viniendo a nuestro corazón en la comunión. Y nos indica una tarea para vivir también nosotros, que es la de lavarnos unos a otros los pies, entendiendo que esto es también una expresión simbólica. Es decir, nos pide que nos entreguemos en servicio y amor a nuestros prójimos. Dios ha puesto cerca de mí muchas personas porque quiere que me entregue a ellos y que les sirva.

Luz que brilla en la tiniebla

Y en ese momento, después del lavatorio de los pies y de darnos este mandato del amor fraterno, el Señor instituyó la Eucaristía con las palabras que cada sacerdote pronuncia en la consagración de la Misa, en nombre de Cristo.

Nos fijaremos en otro detalle del que también habla este Evangelio de san Juan, y es que la máxima expresión de amor del Señor por nosotros —que es su entrega en la Cruz, presente en la Eucaristía— ocurrió a la vez que estaba sucediendo la traición de Judas.

Es como si en una noche en la que reinaba el pecado, la mentira, la traición, el Señor hubiera querido que quedara especialmente patente su amor. Y por eso dice san Pablo cuando cuenta la institución de la Eucaristía: «Jesús, *la noche en que iba a ser entregado*, tomó pan». Recalca esto para ayudarnos a caer en la cuenta de que, cuanto más malos hemos sido con Él, más bueno es Él con nosotros. Pero también recalca esto san Juan: «Jesús le dijo a Judas: "Lo que has de hacer, hazlo pronto", y entonces Judas se levantó y salió de la cena. *Era de noche*».

No solo está indicando que se había puesto el sol —eso es evidente, si estaban cenando, sería de noche—, sino que recalca que en la calle había oscuridad, tinieblas. En el corazón de Judas también hay una tiniebla completa y en ese preciso momento fue en el que brilló la Eucaristía como luz para el mundo, como amor pleno de Cristo, para un mundo que se encuentra en tinieblas.

Es tremendo esto, ¿verdad? En algunos sitios donde hay adoración eucarística tienen costumbre de dejar el templo casi en penumbra e iluminar de una manera particular la sagrada forma que está en la custodia. Pues en la Última Cena estaba ocurriendo eso: alrededor de Jesús, lo que había era oscuridad, pecado. Los apóstoles, ese pequeño grupo de amigos más íntimos, están asistiendo a un milagro como no ha habido otro en la historia, que es el milagro del amor extremo de Cristo. La Eucaristía es el amor extremo de Cristo: ¿hasta dónde has llegado a querernos, Jesús? Hasta la locura de quedarte en un trocito de pan en cada sagrario. No solo en las grandes catedrales, sino también en las parroquias de pueblo, y en las pequeñas ermitas, y en las capillas de los hospitales… Ahí donde está el sagrario, está Jesucristo. Él ha querido llegar a todas partes, a todos los continentes, porque quiere llegar a todos los corazones.

Sería un fruto precioso si saliéramos de estos ratos de oración con una fe mayor en Cristo Eucaristía, con un amor más ardiente. Bastaría con que uno solo de vosotros dijera: «No volveré a faltar un domingo a Misa» para que estos Ejercicios hubieran dado fruto. Bastaría que una persona dijera: «Caramba, si yo tengo tiempo entre semana, ¿cómo me pierdo la comunión diaria teniendo horas disponibles?». También sería suficiente si uno dijera: «No volveré a comulgar en pecado mortal. No quiero ser una herida para el Corazón de Jesús. Antes de comulgar me confesaré o arreglaré la situación que me impide recibir a Jesús». Y si una sola persona dijera: «Hay una capilla de adoración perpetua en mi ciudad, en mi pueblo o en mi diócesis. Me voy a apuntar a un turno de adoración y trataré así de acompañar a Jesús una hora cada semana».

Para terminar, seguramente te has dado cuenta del paralelismo que hay entre la Eucaristía y el Niño Jesús en el portal de Belén: lo que vieron los pastores fue un bebé pequeñito y dormido, silencioso. No pensemos que vieron cosas espectaculares en el portal. Y, sin embargo, se postraron y adoraron. La fe que se nos pide a ti y a mí en la Eucaristía no es una fe más grande que la de aquellos pastores, porque lo que vemos en la Eucaristía es muy parecido a lo que vieron ellos: vemos al Señor en una sagrada forma pequeña, blanca y silenciosa... Pero sabemos que es Jesús, es el Señor, está vivo y su corazón sigue latiendo. Quiérele como se merece y muéstrale tu amor con la misma generosidad que los pastores.

12. Y EL VELO SE RASGÓ
Jesús crucificado

Vamos llegando al término de nuestros Ejercicios. Hoy meditaremos la Pasión del Señor, que constituye el centro de nuestra fe. Es la expresión máxima del amor de Dios por nosotros y es el momento en el que culminó el misterio de la redención: Cristo entregó la vida por nosotros para que pudiéramos liberarnos de nuestros pecados y gozar eternamente del cielo. Pediremos a Dios la gracia de sentir «dolor con Cristo doloroso, quebranto con Cristo quebrantado, lágrimas, pena interna, de tanta pena que Cristo pasó por mí»[1]. Lo que estamos pidiendo al Señor es que nos permita *compadecer* con Él, que significa permanecer a su lado en sus padecimientos, sintonizar tan plenamente con Él, que todo lo suyo nos afecte también a nosotros.

Hay muchas formas de meditar la Pasión: se puede tomar el texto de un *via crucis* siguiendo las 14 estaciones que tradicionalmente medita la Igle-

---

[1] *Ej*. 203.

sia. También se puede ir leyendo alguno de los Evangelios, recorriendo los sucesos más relevantes: el encuentro de Jesús con Judas en el huerto de los Olivos; el proceso judío con Anás y Caifás; el proceso romano con Pilato; la flagelación; Jesús cargando con la cruz... De cualquiera de las maneras, trataremos de conocer cómo es el Corazón del Señor, cuáles son sus sentimientos y actitudes, para compartir con Él sus padecimientos. Otra forma de meditar la pasión es la que ahora propongo: repasar las siete frases que Jesús dijo en la Cruz.

«Padre, perdónales porque no saben lo que hacen» (Lucas 23, 34)

El Señor nos mira con amor. Esto vemos de nuevo en Jesús Crucificado. Reza al Padre por nosotros: por quienes le estaban crucificando, por quienes le hacemos daño y por los que le procesaron de una manera cruel e injusta. En lugar de reclamar venganza o de pedir que se hiciera justicia con Él y que los culpables fueran castigados, lo que hace es atenuar o casi disculpar nuestros pecados: «Perdónales *porque no saben lo que hacen*». Al cometer nuestros pecados, obramos con libertad y con conciencia de lo que hacemos. Sin embargo, el Señor es tan bueno que quiere pensar que, si le ofendemos, es seguramente porque no sabemos a quién ofendemos o porque no entendemos la gravedad de disgustar a Dios.

En el monte Calvario había tres personas crucificadas: Jesús y, a su lado, dos ladrones, uno a la izquierda y otro a la derecha. Esta frase debió de impresionar mucho a uno de ellos: «¿Cómo?, ¿este hombre reza y pide a Dios que perdone a quienes le hacen esto, en el trance de la muerte?». Le debió de sorprender mucho. Este joven estaba acostumbrado, seguramente, a cometer delitos y a huir de la justicia. Pero le va a llegar la luz de la fe. Y le llega, no en el momento más fácil de su vida, no porque se retirara unos meses a rezar en un monasterio, sino precisamente en su momento de mayor sufrimiento y de dolor, cuando está también crucificado al lado de Jesús.

Queda impresionado ante Jesús, queda sorprendido por el amor del Señor en este momento. Y seguramente pensó: «¿Cómo dice "perdónales": es que pueden ser perdonadas todas las cosas que hacemos en la vida?, ¿puede todavía ser perdonado mi historial delictivo?». Es impresionante que su vida de pecado da paso al reconocimiento de su culpa y a la sumisión y aceptación de Jesús como Salvador. No es que este ladrón haya hecho un minucioso «examen de conciencia» de su vida, sino que ha visto a Jesús crucificado... Y, viendo el amor que tiene el Señor, la paciencia con la que padece sus tormentos y la benevolencia con la que en medio de tantos sufrimientos quiere que sean perdonados quienes obran de ese modo contra Él, recibe la fe. Entonces ocurre una cosa impresionante, y es que Jesús, que ha sido abandonado por sus propios amigos y apóstoles —salvo la Virgen y san Juan—, va a tener el consuelo de hacer un amigo nuevo, que es este ladrón crucificado a su lado.

Los apóstoles habían desaparecido y, en cambio, un ladrón de quien lo lógico era esperar que muriera como vivió, va a terminar siendo una alegría para Él. Para el ladrón —al que la tradición llama Dimas—, lo misterioso no es su propio sufrimiento: se da cuenta de que lo ha merecido, que hizo muchas cosas que tenían como consecuencia eso, que antes o después iba a ser arrestado y castigado. Para él, lo verdaderamente sorprendente es ver sufrir a Jesús. Esto sí le impresiona: «Pero ¿qué mal habrá hecho este?», pensaría en su interior, y está sobrecogido ante el sufrimiento de Jesucristo. Hay en esta actitud algo precioso: es un signo de nobleza cuando uno deja de preocuparse por sus propios sufrimientos, cuando uno deja de preguntarse «por qué tengo yo que pasarlo mal» y lo que le abruma es ver a Jesús crucificado… «¿Por qué tienes que padecer Tú?, ¿por qué sufres Tú, Señor? Si Tú no has hecho nada malo, si Tú eres ilimitadamente bueno…». Podemos aprender mucho de este ladrón que, mirando a Jesús, se convierte y que —convirtiéndose— fue perdonado de sus pecados. El ladrón nos enseña a dejar de preocuparnos por nosotros mismos y a levantar la mirada a Jesucristo.

Su compañero no reaccionó del mismo modo, sino que —aun teniendo a su lado a Jesucristo— se cerró ante la luz. Su grito fue un grito de rabia: «Bájate de la cruz, bájanos a nosotros de aquí» y se obstinó en rechazar el perdón de Dios. Esto es dramático: quizá aquellos dos jóvenes llevaban años juntos, habrían sido compinches, con complicidad en sus delitos, pero ahora se van a separar. Ahora cada uno toma un destino distinto y definitivo. Ante ellos se abre un abismo, porque hay uno que se deja curar y perdonar, que acoge el amor de Dios, y otro que lo rechaza hasta el final y que insiste en apartarse del amor de Jesucristo.

Ante Jesús, todos tomamos postura en la vida, consciente o inconscientemente. Ya lo había anunciado el anciano Simeón a la Virgen y a san José cuando presentaron al niño en el templo: «Este niño será una bandera discutida y pondrá al descubierto la actitud de muchos corazones». Cristo se alza ante la historia como un estandarte, como una bandera ante la cual no es posible permanecer siempre indiferentes: ante Él, todos escogemos ponernos de su lado o darle la espalda. No estamos en aquella situación dramática de los dos ladrones, pero todos —antes o después— tomamos postura ante el Señor. Y le decimos: «Perdón por mis culpas, perdona mi vida anterior», o le decimos al Señor: «No me interesas ni me interesan tu perdón y tu amor».

Lo cierto es que, cuando el buen ladrón se ha dejado sorprender por el amor de Dios, le dice a Jesús esta frase: «Acuérdate de mí cuando llegues a tu reino». La petición es finísima. No pide a Jesús que le baje de la Cruz y le quite el sufrimiento, sino que: acepta su sufrimiento, reconoce que Jesús es un rey —por eso dice: «Cuando llegues a tu reino»— y le pide solamente que no le olvide. Al decir: «Acuérdate de mí», está reconociendo que no merece estar en el reino de Jesús, pero que ha sido tan impresionante para él conocer a Jesús en el Calvario, que si no le olvida, con eso tiene bastante: «Si no me olvidas, soy feliz».

Al Señor le impresiona esta petición del ladrón, le sorprende su humildad, le asombra la aceptación con la que asume el castigo que se le ha impuesto de morir crucificado. Le enternece la fe con la que le mira y Jesús le responde…

«Hoy estarás conmigo en el paraíso» (Lucas 23, 43)

¿Qué es el paraíso? El paraíso es estar con Jesucristo, es el cielo. Y el Señor le dice que ese mismo día —«hoy»— estaría con Él. De modo que este ladrón está en el Calvario sufriendo su propio purgatorio, y el Señor le está prometiendo que enseguida, en unas horas, iba a gozar eternamente del cielo.

Esto también nos ayuda. Para llegar al cielo hay que ser muy santo. En el cielo solo están los santos.

Y por eso, o uno se santifica en esta vida, o uno necesita purgatorio para ir sanando todas las imperfecciones del orgullo, del egoísmo, de la ambición, de la envidia .. El buen ladrón aprovechó aquel sufrimiento de la cruz para aceptarlo, ofrecerlo y sanarse interiormente con el amor de Jesucristo, padeciendo ya en esta vida su purgatorio. Con esto nos ofrece un camino precioso para imitar.

A todos nos llegan dificultades en la vida. Hombre, no tan graves como ser crucificados en el Gólgota, pero sí contrariedades, sufrimientos, humillaciones, enfermedades, fracasos personales, disgustos... Y, cuando llega todo eso, podemos reaccionar de varias maneras, como los ladrones del Calvario:

- Rebelarnos con indignación y rabia, que es la peor salida.
- Someternos con resignación, que es una solución intermedia.
- O aceptar y ofrecer todo eso, entendiendo que —si el Señor lo permite— puede ser providencial, y que quizá el Señor me concede ir adelantando, si se puede expresar de esa manera, el purgatorio en esta vida.

Es decir, nada sobra: todo lo que pasamos en esta vida, si lo aceptamos y ofrecemos con amor, tiene un valor inmenso.

Jesús había dicho en algunas parábolas que llegarán al reino de los cielos algunos obreros, y que recibirán recompensa aunque hayan comenzado a trabajar al final del día. Bueno, pues este ladrón es uno de esos obreros que recibe su premio, aunque solo estuvo unos minutos en la viña del Señor. Pero es también un labrador y uno de los salvados a quienes la Iglesia reconoce como santo: san Dimas.

De todas maneras, también llama la atención que el Señor no baja de la cruz a ninguno de los dos ladrones, y esto nos ayuda a distinguir dos conceptos que pueden parecer lo mismo, pero que son distintos. Jesús da a este ladrón arrepentido la salvación eterna, pero no le quita sus sufrimientos corporales, luego no es lo mismo la *salvación* eterna de las almas, que la *liberación* de las dificultades y sufrimientos de esta vida. La Iglesia hace mucho en el mundo por los derechos humanos: por favorecer condiciones de vida dignas, por acompañar a los enfermos, por fomentar relaciones laborales éticas, por construir la paz entre las naciones, etc., pero la misión primordial de la Iglesia en el mundo —que es la misma que la de Cristo— no es principalmente esa liberación humana, sino —como vemos en este pasaje— la salvación eterna de las almas. Y esto es muy bueno que lo recordemos, ¿verdad? Que la Iglesia no está llamada a ser una ONG cualquiera que construye pozos, levanta escuelas y a la que solamente importan los sufrimientos temporales o las dificultades terrenas de las personas. Jesucristo, en el trance de morir en la cruz, dejó claro —diciendo al buen ladrón «hoy estarás conmigo en el paraíso»— que importa mucho más llegar al cielo que verse libre de los sufrimientos en esta vida, y que la tarea que venía a cumplir es una misión trascendente, una misión que hace referencia al alma de las personas y a nuestro destino eterno.

Después de esta conversación del Señor con aquel joven, la gente comenzó a retirarse del Calvario. Cuando ya los ven crucificados, se cansan los que venían atraídos por el espectáculo macabro de ver ajusticiar a tres personas. Queda un ambiente de tristeza en el monte Calvario y, probablemente, también muchos se retiran a casa abrumados por el peso de ver sufrir al Señor, apesadumbrados por el remordimiento de la injusticia que se está cometiendo. Pero el Señor vive este momento con amor redentor. En medio de esa tristeza grande, del abandono de todos, sin consuelo humano, en una soledad casi completa, acepta su cruz y ofrece sus sufrimientos con amor.

«Mira, es tu madre; mira, es tu hijo» (Juan 19, 26-27)

La tercera frase que dice el Señor va dirigida a san Juan y a la Virgen.

En la Palestina de aquella época, las matronas que asistían a un alumbramiento solían tomar al niño en los brazos y después de cortar el cordón umbilical y de lavarlo, lo ponían frente a su madre y, antes de dejarlo descansar sobre su pecho, se lo presentaban a la madre con esta expresión: «Mira, es tu hijo»; y al niño le decían señalando a la madre: «Mira, es tu madre».

Un escritor eclesiástico de la antigüedad que se llamaba Orígenes nos explica este pasaje de una manera hermosísima. Lo que está sucediendo en el Calvario es un parto. Es el alumbramiento de una nueva humanidad que nace de la sangre redentora de Cristo. Es el parto que da a luz a la Iglesia, que nace de la entrega del Señor por nuestra salvación. Si Adán y Eva fueron los padres de una etapa de la historia dominada por el pecado —el hombre viejo—, Cristo —el hombre nuevo— da origen a una nueva forma de ser y de vivir, comienza una nueva civilización, *la civilización del amor*, una era nueva en la historia de la humanidad y del mundo, un pueblo redimido por el amor y la sangre de Jesucristo.

Qué impresionante es esto. Si atendemos a esta indicación de Orígenes, esta conversación que está teniendo el Señor con la Virgen y con san Juan tiene muchísima trascendencia. Es verdad que ya había fallecido san José, que María no tenía ningún otro hijo, y ahora —perdiendo a Jesús— iba a quedarse completamente sola en la vida. Pero Orígenes nos ayuda a entender que Jesús no estaba solo resolviendo un asunto familiar. No se trata simplemente de una conversación personal en la que Jesús se preocupó de su madre y de que no quedara sola después de su muerte. Por eso, no dice: «Mamá, quédate con Juan. Juan, por favor, ocúpate de mi madre». No, no. El diálogo que están teniendo tiene una trascendencia muy superior a este asunto familiar que el Señor quiere dejar resuelto.

Este diálogo es el inicio de la Iglesia, y por eso el Señor la llama con este nombre —«mujer»—, dando a entender que está haciendo de ella la nueva Eva, que ella va a ser la madre de todos los creyentes. «Mujer, ahí tienes a tu hijo»: si por Adán y Eva nos vino el pecado al mundo, por Cristo y por María nos viene la salvación.

A ella le encarga que asuma una maternidad espiritual de cada uno de los hijos de la Iglesia, de cada uno de los que hemos sido redimidos por la sangre de Cristo. Y la Virgen acepta este encargo que el Señor le encomienda. Acepta convertirse en nuestra madre y a nosotros nos sugiere que la acojamos como madre nuestra, que le abramos el corazón y nos dejemos cuidar y proteger por ella.

La Virgen Santísima no nos conocía aquel día porque ella no es divina, sino humana como nosotros y, sin embargo, en la medida en que han ido pasando los siglos en la historia, sí nos ha ido acogiendo a cada uno de nosotros como hijos suyos, como redimidos por Cristo, y ella ejerce esta maternidad con nosotros, ha estado presente en todos los momentos de nuestra vida de una forma muy discreta. Como en las bodas de Caná, sin llamar la atención ni querer ser protagonista, ella ha sido el cauce por el cual el Señor nos ha hecho llegar todas las gracias.

Es precioso que, con toda sencillez y con inmenso dolor, Ella acompaña a los pies de la Cruz a su hijo Jesucristo. Si Jesús había dicho de sí mismo: «Nadie me quita la vida, soy yo quien la doy libremente», podemos ver en María una actitud sacerdotal semejante, como diciendo: «Nadie me quita a mi hijo, soy yo quien os lo entrego libremente».

María está aceptando la entrega de su hijo en la Cruz, sin rebelarse contra la voluntad de Dios, y está entregándose ella misma con Cristo. Hay una sintonía plena de corazones entre la madre y el hijo, y Ella también se une a la ofrenda de Cristo al Padre. Esta actitud de la Virgen podemos hacerla nuestra: en cada Misa estamos a los pies del altar, como la Virgen estuvo a los pies de la Cruz. Podemos aceptar la entrega de Cristo en la Eucaristía —que renueva su entrega del Calvario— y también podemos unirnos a ese sacrificio redentor de Cristo que se hace presente sobre la patena: «Gracias por entregarte por mí, Señor, yo también quiero entregarme contigo. Quiero ser una ofrenda agradable a Dios Padre y colaborar contigo a la salvación del mundo».

«Dios mío, Dios mío, ¿por qué me has abandonado?» (Marcos 15, 34)

El Padre no abandona nunca a su hijo Jesucristo. Jesús reza el Salmo 21 y es verdad que vive interiormente un sufrimiento y una desolación espiritual que son parecidos a ese sentimiento de abandono que expresa el salmista.

Dice el Evangelio de san Juan: «Tanto amó Dios al mundo, que entregó a su propio Hijo». Es decir, el Padre no es ajeno al sacrificio de Cristo, sino que esta muerte de Cristo, que es cruenta y dolorosa para Él, también lo es de alguna forma para el Padre. Es el Padre quien nos ha entregado por amor lo que más quiere: a su propio Hijo. Cuando en el Antiguo Testamento recordamos aquel pasaje en el que Abraham estuvo dispuesto a ofrecer a su hijo Isaac como sacrificio, lo llamamos «sacrificio de Isaac», pero también lo llamamos «sacrificio de Abraham» porque quien sufrió más esta renuncia —todavía más que su hijo— fue el propio Abraham, su padre.

De modo que el Padre no abandona al Hijo en la cruz, sino que vemos unidos en el Calvario el amor del Padre y el amor del Hijo. Todavía falta una persona de la Santísima Trinidad por hacerse presente: el Espíritu Santo, que se nos da desde el Padre y el Hijo a través del Corazón abierto de Jesucristo. Pero eso llegará un poco más adelante.

«Tengo sed» (Juan 19, 28)

El Señor debía de estar seco, con una sed corporal tremenda, en la Cruz. Ciertamente, después de la flagelación, de haber perdido tanta sangre y sudor al cargar la cruz por la vía dolorosa. Pero la sed de Cristo no es solo sed corporal, sed de los labios o de la lengua: Hay en Él una sed más profunda, que es la sed del Corazón, que es esa sed que tiene de salvar a todas las almas, de que acojamos su amor. Esa sed es un anhelo de que su amor sea acogido y también correspondido.

Cuando Jesús se encontró con la mujer samaritana en el pozo de Sicar[2], vimos que comenzó diciéndole «tengo sed», y cuando ella le respondió, el Señor le dijo: «Si supieras quién te pide de beber, le pedirías tú a él, y él te daría un agua que calma *tu sed*». ¿A qué sed se estaba refiriendo al hablar de la sed de aquella mujer? Ella no había dicho que quisiera beber nada y, probablemente, si venía de su casa, habría bebido allí todas las veces que hubiera querido... Sin embargo, Jesús se dio cuenta de que esa mujer tenía una sed más profunda: la sed de ser verdaderamente amada, porque había conocido muchos hombres y ninguno la había sabido querer; la sed de que su vida tuviera sentido; la sed de que su corazón encontrara plenitud y alegría plenas. En

---

[2] Cfr. *Jn* 4, 1-30.

aquel pasaje, por tanto, Jesús aludió a una sed que no es la de los labios, sino la sed del alma de las personas insatisfechas que aún no han recibido amor verdadero. Por eso, cuando en la Cruz dice «tengo sed», no nos aventuramos si entendemos que el Señor está experimentando una sed más profunda que la sed de los labios...

Madre Teresa de Calcuta dejó escrito en sus libros que ella fundó las religiosas Misioneras de la Caridad porque el Señor le decía, insistentemente, en la oración: «Tengo sed, tengo sed»[3]. Ella escuchó este grito de Jesús y entendió que el Señor tiene sed de llegar al corazón de las personas no amadas, que Jesús tiene sed de llegar a todos los corazones sedientos, y que Él —que es el agua viva— tiene sed de calmar nuestra sed. Así entendió Madre Teresa que el Señor la llamaba a una vocación preciosa: llevar el amor de Jesucristo a los pobres más pobres del planeta. Esa llamada del Señor sigue resonando en la historia, y muchas personas siguen percibiendo que Jesús les pide de beber —como a la samaritana— o les pide que lleven a la gente el agua viva, el amor de su Corazón.

«Todo está cumplido» (Juan 19, 30)

Así es, ciertamente: el Señor ha hecho todo lo que podía hacer por nuestra salvación. Ha cum-

---

[3] Cfr. MADRE TERESA, *Ven, sé mi luz* (Planeta, Barcelona 2009).

plido al pie de la letra la misión que el Padre le había confiado, se ha entregado hasta el extremo por amor y ahora llega al momento en el que —después de enseñarnos muchas cosas, hacer milagros, fundar la Iglesia, instituir los sacramentos— termina entregando hasta lo último de su vida, que es la última gota de su sangre.

Viene bien recordar esta frase cuando nos surgen quejas interiores porque parece que Dios no atiende a todas nuestras peticiones… Es como si el Señor nos dijera: «¿Hijo, todavía te parece poco lo que he dado?, ¿qué más podía hacer por ti?».

«Padre, a tus manos encomiendo mi espíritu» (Lucas 23, 46)

Jesús entrega la vida: no es que *se muera*, no es que a Jesús se le acabe la existencia, sino que nos la da por amor.

La primera palabra que conservamos del Señor es aquella que dijo cuando era niño y se había quedado en el templo de Jerusalén. Al encontrarlo la Virgen y san José, Él les dijo: «¿No sabíais que debía dedicarme a las cosas de *mi Padre*?». Este es el recuerdo más antiguo que tenemos de la voz de Jesús. Ahora, en esta última frase, invoca a Dios Padre con una oración: «Padre, a tus manos encomiendo mi espíritu». La vida del Señor es todo lo que ocurre entre estas dos frases que hacen referencia al Padre. De alguna forma, todo en Cristo es una referencia al Padre, como explicó el cardenal Ratzinger en un libro precioso que lleva por título *Miremos al traspasado*[4].

Después de estas siete palabras, dice el evangelista que el Señor «entregó el espíritu». Esta frase puede significar dos cosas, y las dos ocurrieron: por un lado, quiere decir que expiró, es decir, que entregó su alma a Dios, como sucede a todos los que fallecen. Pero, además, al decir «entregó el espíritu», también indica que nos dio a nosotros el Espíritu Santo, o sea, que —por su muerte en la cruz— comunicó al género humano lo más íntimo de sí mismo, el Espíritu que une al Padre y al Hijo. La sangre y el agua que manaron de su Corazón simbolizan este hecho, como ahora veremos.

Sangre y agua (Juan 19, 31-37)

Entonces, dice el Evangelio de san Juan, un soldado —para comprobar que estaba muerto, después de dar la puntilla a los otros dos ladrones quebrando sus rodillas— traspasó el costado de Jesús con una lanza «y al punto salió sangre y agua, y el que lo vio da testimonio y su testimonio es verdadero y él sabe que dice la verdad, para que también vosotros creáis». Con esta frase tan larga y tan solemne, san Juan nos ayuda a entender que ese mo-

---

[4] Cfr. J. RATZINGER, *Miremos al traspasado* (Fundación San Juan, Santa Fe – Argentina 2007).

mento tiene un inmenso alcance: lo que sucedió en aquel instante fue quizá lo más decisivo de todo lo que él había visto en Cristo.

El Corazón de Cristo es el lugar donde reside su amor, sus afectos. Es el lugar en el que el cielo y la tierra se juntan, porque es un corazón humano como el nuestro y es el Corazón de Dios humanado. Ese Corazón se ha roto por nuestros pecados, ha quedado abierto y de él mana el Espíritu Santo sobre el mundo.

El profeta Ezequiel, en el Antiguo Testamento, había anunciado que del templo saldría un manantial que haría fecunda la tierra[5]. El templo al que se refería es Cristo. Ese manantial es el que brota de su Corazón, que sana la tierra y la hace fructífera. Esa tierra somos tú y yo: nuestra vida puede dar mucho fruto gracias a que recibimos del Corazón de Jesús su amor, que es agua que nos purifica y sangre que nos alimenta. Como el pelícano cuando ya no tiene comida para dar a sus crías, pica su pecho para alimentar a los polluelos con su sangre, así el Señor nos ha dado de su propia sangre en la cruz. Y el Corazón abierto de Cristo nos abre el acceso al Padre.

En el templo de Jerusalén había un velo que separaba la zona en la que podía estar la gente, de la zona reservada exclusivamente para que —una vez

---

[5] Cfr. *Ez* 47, 1-9.

al año— entrara el sumo sacerdote, porque allí es donde entendían que residía la gloria de Dios: el *Sancta Sanctorum*[6].

Bueno, pues los Evangelios dicen que, al morir Cristo, el velo del templo se rasgó. Y esto quiere decir que lo oculto de Dios, lo que estaba al otro lado de ese velo, lo que no era accesible a los hombres, lo que en Dios había de misterioso y enigmático para nosotros, se nos mostró. Al abrirse de par en par el Corazón de Jesucristo, se nos muestra lo que estaba fuera de nuestro alcance: la intimidad de Dios, los secretos de su Corazón. Dios nos ha abierto un acceso para entrar al misterio del Padre, Hijo y Espíritu Santo: esa puerta es el Corazón de Jesucristo. En la humanidad de Cristo, en su Corazón abierto, tenemos acceso a Dios, uno y trino.

---

[6] Cfr. *Ex* 26, 31ss.; *Hb* 9, 3ss.

13. ¡AL TÁMESIS!
La Resurrección

El episodio más emocionante de la vida del Señor es su victoriosa resurrección. En esta última meditación contemplaremos a Jesús resucitado, tal como vive ahora, le acompañaremos y gozaremos sabiendo que permanece presente en nuestro mundo. Pedid al Señor al inicio de vuestro rato de oración la gracia de alegrarnos y gozarnos intensamente por tanta gloria y gozo de Cristo nuestro Señor.

Qué es exactamente la Resurrección de Cristo

Antes de citar algún texto de la palabra de Dios, conviene aclarar este asunto para que no confundamos la resurrección con otras cosas. Comenzaremos por dejar claro *qué no es la resurrección*.

Hay quien piensa que la resurrección de Jesús es solamente *que el mensaje de Jesús de Nazaret sigue teniendo actualidad:* un mensaje de amor, un canto a la paz universal… Si solamente fuera esto, Jesucristo habría sido un sabio de su época como tantos otros y su destino no sería muy distinto del de hombres como Mahatma Gandhi, Martin Luther King... No, no es solamente que sus valores pervivan en el presente, sino que vive Él, Jesucristo: es Él —y no solo sus enseñanzas— quien tiene una enorme actualidad, quien sigue a nuestro lado y de quien podemos seguir disfrutando su amistad y su compañía.

Tampoco la resurrección es simplemente *que el alma de Jesús perviva* después de la muerte. Si fuera solo eso, Jesús tampoco sería extraordinario porque lo mismo les ocurre a todos los difuntos... Cuando fallece un familiar nuestro y damos sepultura a su cuerpo, estamos convencidos de que su alma pervive, que se encuentra personalmente con Dios y que recibe una retribución a su vida: el cielo, el purgatorio provisional o —Dios no lo quiera— el infierno. No es solamente que perviva el alma de Jesús, la resurrección es mucho más.

Menos aún hay que entender la resurrección como *una reencarnación*. La reencarnación es, como sabéis, un mito de algunas religiones orientales —hinduismo, budismo, taoísmo...— que no tiene fundamento ni lógica alguna.

¿Entonces qué es la resurrección? Jesucristo, con su alma y con su cuerpo —que había sido depositado en el sepulcro— volvió a la vida y, desde entonces, vive para siempre. Esto sí que hace al Señor verdaderamente especial con respecto a todos los difuntos, porque solamente hay dos personas que estén gozando en cuerpo y alma en el cielo: Nuestro Señor Jesucristo y la Santísima Virgen. Para todos los demás aún no ha llegado la resurrección: apenas perviven sus almas, que gozan ya de la visión beatífica, mientras sus cuerpos siguen enterrados o incinerados.

La resurrección ocurrió cuando el alma de Jesús volvió a su cuerpo y este cuerpo quedó glorificado. Jesús ya estará siempre vivo. No hay para Él condicionamientos espaciales ni temporales. Nosotros estamos condicionados por el espacio y el tiempo: si estás aquí leyendo, no estás a la vez nadando en la piscina ni dando clase a tus alumnos o conduciendo una moto… Solo podemos estar en un lugar en cada momento. Tenemos también una limitación temporal, que nos impide vivir definitivamente: nuestro cuerpo envejece, se desgasta y tiene los días contados. Jesús resucitado, por el contrario, no tiene limitación espacial —puede estar a la vez en todos los sagrarios del mundo— y no tiene limitación temporal, es decir, que no volvió a la vida una temporada más, sino que vive para toda la eternidad. Nunca más morirá, ha triunfado definitivamente sobre la muerte. Esto quiere decir también que, en su resurrección, su divinidad —que en la pasión parecía haberse escondido— se transparenta, y son patentes su gloria y su poder a quienes se aparece.

La resurrección significa también que Jesús fue exaltado a la derecha del Padre, es decir, que ha sido constituido Rey Universal. No volvió a vivir para seguir siendo uno más entre nosotros, como fue durante más de 30 años, pasando desapercibido y con una humildad asombrosa, sino que —resucitado para siempre— ahora es Rey de todo el universo. Impresiona pensar que un ser que tiene naturaleza humana —como nosotros— esté al mando de todo el cosmos.

Las apariciones

Después de estas aclaraciones, vamos a centrarnos en cómo fueron los días posteriores a la resurrección del Señor. Hay algún detalle que llama la atención. Por ejemplo, este: Jesús no tuvo ninguna pretensión de revancha, es decir, no se apareció resucitado a Herodes, a Pilato, a los soldados romanos ni a los fariseos. No. No se mostró con ánimo de venganza, para resarcirse de quienes le habían hecho sufrir o —como decimos nosotros— «para poner los puntos sobre las íes»... En absoluto: vino, si cabe, todavía más delicado, más cariñoso, más atento. Dedicó las visitas y las apariciones a sus amigos, a aquellos que le habían seguido, aunque fueran débiles y pecadores, como Pedro.

Además, no vino para exigir a estos discípulos que le explicaran por qué lo habían abandonado en la pasión, sino para consolarlos y fortalecerlos.

Cristo trae la paz. Es magnífico que en muchas de estas apariciones ese fue su saludo, entró diciendo: «Paz con vosotros». Así es el Señor, ¿verdad? Llena de alegría, llena de esperanza a los suyos. En ocasiones se apareció resucitado, pero mostrando las llagas de su pasión. En algunas apariciones dice: «Paz con vosotros», enseña las llagas y después repite la frase inicial, dando a entender que podemos recibir la paz, vivir con alegría, vivir consolados y confortados y con esperanza, precisamente en virtud de esas llagas de su Pasión, porque Él se ha entregado por nosotros. Es como si dijera: «Por las llagas de mi pasión, porque entregué la vida hasta la muerte por vosotros, tú puedes tener paz, ver tu presente y tu futuro con esperanza, y tener confianza en mí, que vine a dar la vida por ti».

Las apariciones no significan que Jesús estuviera fuera, de repente viniera, y más tarde se volviera a marchar... No, no es eso, sino que el Señor —que está ya siempre con nosotros— en algunos momentos «se deja ver». Es decir, que en ocasiones permite que podamos captar su presencia hasta con los sentidos corporales. Y eso es asombroso... Él había prometido en el Evangelio: «Yo estaré con vosotros todos los días hasta el fin del mundo»[1], de manera que en las apariciones se muestra ante los ojos la realidad de lo que sucede ya todos los días... Nunca

---

[1] *Mt* 28, 20.

estamos solos, nunca está lejos de nosotros, siempre está a nuestro lado, todos los días. Aunque uno no lo sienta o no lo vea con los ojos, Él permanece, Él está en medio de nosotros.

¿Qué consecuencias tiene la resurrección?

En primer lugar, la resurrección es el triunfo de Jesucristo *sobre la muerte*. La muerte era como un callejón sin salida, algo de lo que no se libraba nadie, el destino al que estábamos abocados todos. Pero, una vez que hay un primer hombre que ha escapado de la muerte, todos los demás podemos seguir su camino. Pondremos varios ejemplos para entender mejor esta cuestión que es fundamental y que quizá no hemos captado suficientemente...

Muchos científicos y médicos investigan una vacuna contra el cáncer y otras enfermedades. Todavía no lo han logrado, pero el día que lo consigan, solamente hará falta que todos recibamos esa vacuna: existiendo una manera de verse libres de esa enfermedad, los demás nos podremos beneficiar de esto. Bueno, pues Cristo es el primero que ha superado la barrera de la muerte, que ha vencido ese obstáculo que parecía definitivo.

La gran evasión es una película norteamericana clásica del año 1963, protagonizada por Steve Mc-Queen. Cuenta la historia real de 76 prisioneros que en la Segunda Guerra Mundial construyeron un túnel para escapar de un campo de concentración nazi en Żagań (Polonia). Excavaron durante meses, y el día que el primero de ellos sacó la cabeza fuera del túnel, en el exterior del campo de concentración, los que iban por detrás supieron que había llegado su salvación, la de cada uno de ellos. Una vez que salió el primero, todos los demás le pudieron seguir. De manera semejante, Cristo es el primero de los hombres que ha salido de la muerte, de modo que la muerte *ya no existe* como final de la vida. Todos habremos de pasar por ese túnel y saldremos, con tal de que sigamos a Aquel que nos ha precedido, que es Jesucristo, que ha triunfado definitivamente sobre la muerte.

En la Torre de Londres se conserva la mazmorra donde sufrieron cautiverio algunos prisioneros católicos que fueron encarcelados y ejecutados por el rey Enrique VIII. Todavía pueden verse los grabados que —con uñas y punzones— dejaron en el yeso de la pared. Algunos grabados son auténticos testamentos que indican el nombre del prisionero y a quién legó sus cosas antes de morir. Pero hay una inscripción particularmente sorprendente, y es la de un hombre que apenas escribió dos palabras que resumían sus sentimientos en aquellas horas antes de morir, dos palabras llenas de esperanza: «Postrema Christus», que quiere decir 'al final de todo, Cristo'. Este hombre entendió que lo iba a pasar muy mal, que sufriría y le torturarían, que finalmente moriría por ser católico..., pero estaba tranquilo sabiendo que —cuando ya pasara todo, cuando superara ese túnel, al final de todo— Cristo iba a estar esperándole en la gloria.

Esto nos permite vivir de una manera completamente nueva. Uno ya no utiliza la vida para disfrutarla al máximo como si se nos fuera a acabar, como si la tuviéramos que exprimir —como el zumo de naranja, hasta la última gota, con ansiedad— o como si cada año tuviéramos un año menos de vida... Al revés, uno tiene la confianza de que lo mejor está por llegar, que llegaremos al cielo, que viviremos para siempre con Jesucristo y que —por tanto— todo lo que haya que pasar en esta vida, lo que haya que sufrir, lo que haya que trabajar, merece la pena porque, después de todo, nos espera Jesucristo.

Pero también la resurrección del Señor es la victoria definitiva de Cristo *sobre el mal*. Y esto es también muy importante. Hay ocasiones en las que parece que los malos triunfan y ha habido momentos en la historia en los que mucha gente buena tuvo la tentación de desesperar. La resurrección de Cristo ayuda a entender que la victoria de los perversos es provisional, que puede durar unos días o unos años, pero que el mal termina derrotado.

Durante más de 70 años hubo miles de familias católicas en la antigua Unión Soviética y en las repúblicas vecinas que tuvieron clara esta esperanza: «Parecen poderosos quienes nos oprimen. Parece que han triunfado, han prohibido nuestro culto, encarcelan a nuestros sacerdotes. Parece que hemos sido derrotados..., pero eso es solo lo que parece». La Virgen Santísima, cuando se apareció en Fátima en 1917 a los tres pastores Lucía, Francisco y Jacinta, les anunció esto: «Rusia extenderá sus errores por el mundo —refiriéndose al ateísmo comunista—, pero, al final, mi Inmaculado Corazón triunfará». Esto es lo que sostuvo la esperanza de muchas personas durante décadas, Ahora ya pueden vivir su fe con libertad.

También nosotros, seguramente, pasaremos por situaciones en las que tendremos la impresión de que todo sale mal, que todo se tuerce y que no hay luz al final del túnel, pero eso es solo un espejismo, un engaño. Tened siempre presente esta promesa de la Virgen. También lo había dicho antes el Señor en el Evangelio: «En el mundo tendréis luchas, pero tened valor: yo he vencido al mundo»[2]. No dice «quiero vencer al mundo» o «me gustaría derrotarlo en el futuro». No, no, dice: «Yo he vencido al mundo». Cristo ha vencido a Satanás, ha vencido a la muerte, ha vencido al pecado y —por tanto— el mal tiene los días contados... Y esa es nuestra esperanza y nuestra paz. ¡Qué necesario es recordar esto cuando las cosas se ponen complicadas! Le pierdes el miedo a sufrir, a lo que te pueda ocurrir, a la in-

---

[2] *Jn* 16, 33.

certidumbre por lo que pase mañana o el año próximo. Le pierdes el miedo incluso a morir, porque sabes que el Señor está contigo y que «este partido está ganado», aunque ahora te parezca que vamos perdiendo...

Hay otra anécdota preciosa de los mártires que me parece que nos ayuda mucho recordar. Cuentan que había unos monjes cartujos, al otro lado del Río Támesis, en Londres, que se negaron a firmar el Acta de Supremacía de Enrique VIII. Era un papel con el que el rey quería exigir que todos los católicos le reconocieran a él como máxima autoridad de la Iglesia en Inglaterra. Mucha gente firmó: laicos, sacerdotes y hasta obispos, pero hubo otros muchos muy valientes que entendieron que tenían que ser fieles a Jesucristo en su Iglesia. Y, por tanto, se negaron a firmar ese documento. Murieron muchos mártires —pienso en santo Tomás Moro y en san Juan Fischer—, y en ese contexto las tropas del rey fueron a presionar a estos monjes. Les dijeron: «No han firmado ustedes todavía el acta de supremacía, tienen que firmar». El abad de aquel monasterio les explicó que no iban a firmar: que deseaban seguir siendo católicos y que entendían que la autoridad de la Iglesia la tiene el Papa, el Romano Pontífice. No firmaron. Y entonces los soldados les amenazaron: «Miren que hay mucha gente ya arrestada por no firmar...». Y el abad insistía: «Que no, que no vamos a firmar». Y entonces llegó la amenaza más directa: «Como no firmen de inmediato, los arrojaremos al Támesis y en este invierno morirán congelados y ahogados...». Pues bien, el abad —con sentido del humor británico, fino, elegante— respondió a quien les trataba de persuadir con amenazas: «Miren, hemos entendido lo que nos dice... Pero ustedes deben comprender que nosotros entramos a este monasterio *para llegar al cielo,* y nos da igual llegar andando que llegar nadando...». Así fue: los arrojaron al río, murieron mártires, pero entregaron su vida a Dios cantando, felices, con la satisfacción del deber cumplido, con la certeza de que se encontrarían unos minutos después con el Señor en el cielo[3].

La resurrección de Cristo, como veis, nos fortalece interiormente, nos da un ánimo y una energía preciosos. Nos hace vivir con fervor, con devoción, no como pidiendo perdón por ser católicos —avergonzados y acomplejados—, sino con coraje, con ilusión, con esperanza.

Puede ayudarnos releer aquel pasaje precioso de la carta de san Pablo a los filipenses, en el que dice: «Lo que para mí era una ganancia lo he juzgado una pérdida a causa de Cristo. Y más aún, juzgo que todo es pérdida ante la sublimidad del conocimiento de Cristo Jesús, mi Señor, por quien perdí

---

[3] Cfr. J. Eugui, *Mil anécdotas y virtudes* (Rialp, Madrid 2004), n.º 161.

todas las cosas y las tengo por basura para ganar a Cristo, y ser hallado en él, y conocerle a él, el poder de su resurrección y la comunión con sus padecimientos hasta hacerme semejante a él en su muerte»[4]. San Pablo ha perdido el miedo a sufrir y a morir, y lo que expresa en estos versículos es que está deseando llegar a la gloria e incluso la comunión con los padecimientos de Cristo. Está, por decirlo de algún modo, deseando pasar por el mismo túnel que el Señor en la muerte, por los mismos sufrimientos, desea corresponder al amor de Jesús Crucificado con un amor semejante al suyo.

Otros pasajes del Señor resucitado

Uno de ellos es la aparición en el cenáculo a los apóstoles[5]: están las puertas cerradas, los apóstoles asustados con miedo a ser también ellos encarcelados, y el Señor —que no necesita llamar a la puerta, porque ya no tiene límites espaciales— se presenta en medio de ellos y no les recrimina por haberle dejado solo en su Pasión, sino que viene a traerles la paz y a mostrarles sus llagas.

También puede serviros leer el pasaje de la aparición del Señor a los dos de Emaús[6]. Es también un fragmento muy hermoso porque en él se ve que Je-

---

[4] *Flp* 3, 7-10.
[5] Cfr. *Jn* 20, 19-29.
[6] Cfr. *Lc* 24, 13-45.

sús siempre se aparece «a la Iglesia o para conducir a la Iglesia»: *a la iglesia*, por ejemplo, cuando entra en medio del Cenáculo y ve allí a los apóstoles que están reunidos; *para conducir a la Iglesia*, cuando se muestra a estos dos que se iban alejando, que tomaban distancia de Jerusalén, que se habían sentido defraudados del Señor y que ya no querían seguir con los apóstoles. Se les aparece para volverles a encaminar donde está la Iglesia. Esta aparición es preciosa también porque el Señor les va explicando las Escrituras y después entra con ellos a partir el pan, y allí le reconocen, y en ese momento desaparece de su vista. El Papa Benedicto XVI nos decía que Jesús fijó —en este pasaje— la estructura de la Misa tal como la celebramos actualmente: en un primer momento, el Señor proclama su palabra y la explica, y en la segunda parte, Él se hace presente bajo las especies del pan y del vino para que lo recibamos en la comunión. La aparición a los dos de Emaús fue ya, seguramente, aunque no contuviera los detalles que ahora acompañan la Santa Misa, una propia y verdadera Eucaristía.

Pero puede serviros también, y esta es la última aparición que os refiero, la del lago de Tiberíades, donde había comenzado para los apóstoles su vocación y donde el Señor se les quiso aparecer[7]. Pedro dice «me voy a pescar» y todos responden «vamos

---

[7] Cfr. *Jn* 21.

contigo». Esto llama la atención: los apóstoles sabían que Pedro había sido débil, que había negado al Señor y, sin embargo, no se separan de su lado: en la Iglesia estamos unidos, seguimos a quien es el vicario de Cristo, a quien Jesús encomendó las llaves y le dijo: «Tú eres Pedro y sobre esta piedra edificaré mi Iglesia». Por eso los demás apóstoles no le rechazan, sino que van con él y, donde Pedro dice que hay que ir, allá van todos. También todo esto es valioso para nosotros. Nosotros seguimos al Papa, no porque nos resulte especialmente simpático ni porque sea muy sabio o muy virtuoso... Todo eso pueden ser razones que ayuden a escucharle y a seguirle, pero la razón de fondo para atender sus indicaciones, para seguir su magisterio y obedecer lo que él prescriba, es que él es Pedro entre nosotros, es que él es vicario de Cristo. Nos da igual que el papa sea polaco, alemán, argentino, o que el día de mañana haya otro africano, francés o del Barça... Donde está Pedro está la Iglesia, donde está Pedro queremos estar nosotros.

Y entonces el Señor se les aparece en la orilla del lago y les dice: «Muchachos, ¿tenéis pescado?», ¡vaya pregunta más difícil para ellos, que llevan toda la noche intentando pescar y aún no han conseguido nada! Pero no responden bruscamente, sino que simplemente le dicen que no. Jesús les dice: «Echad la red a la derecha...». Alguno de los apóstoles podría haberle dicho a esa persona que todavía no sabían que era Jesús: «Oiga, usted métase en sus asuntos .. Llevamos ya muchos años pescando, no nos tiene que decir cómo hay que pescar...», pero reaccionaron de otro modo. Jesús les había ido transformando por dentro, tienen ya en el corazón mansedumbre y humildad —que antes no tenían— y por eso, en lugar de responder mal, le hacen caso y echan la red a la derecha. La red se llenó de peces cuando menos cabía imaginar, que es al amanecer, porque los peces se esconden en el fondo del agua huyendo de la luz. Juan, que tiene ya *olfato espiritual* y una sintonía grande con Jesucristo, le reconoce y dice: «Es el Señor», y entonces Pedro se lanza a por Él...

Pedro necesitaba ponerse frente a frente con Jesucristo. Tenía un peso muy grande en la conciencia —el peso de haberle traicionado— y por eso necesitaba saber que el Señor no había dejado de quererle. Jesús toma aparte a Pedro y le pregunta: «¿Me amas más que estos?», después le pregunta: «¿Me amas?» y, finalmente, «¿me quieres?». Son tres preguntas que siguen un orden descendente: ¿me amas más que nadie? porque eso es lo que había dicho Pedro («aunque todos te nieguen, yo nunca te negaré»); después simplemente si le ama, y, finalmente, si le quiere. La tercera pregunta es la menos exigente de todas, es como si le dijera: «Pedro, ¿yo significo algo para ti?, ¿de verdad te importo?...». Pedro rompe a llorar recordando sus negaciones y sus pecados. Sin embargo, no puede dejar de reconocer que Jesucristo ya es esencial e imprescindible en su vida. Por eso le responde: «Tú lo sabes todo, tú sabes que te quiero», que podemos entender así: «Aunque tú conoces todo —mi debilidad, mis pecados y mis tres negaciones—, a pesar de todo, sabes que te quiero».

Y el Señor, en ese momento, en lugar de cesarle como apóstol o como primer Papa, lo que hace es confirmarle en su vocación: «Apacienta mis corderos, pastorea mis ovejas, apacienta mis ovejas...», es decir, que renueva la llamada que un día le había hecho.

Es maravilloso todo esto: ¡qué delicadeza y qué ternura la del Señor, qué misericordia, qué dulzura la de Jesucristo! Y esto —que queramos a Jesucristo— es, al final, lo que más le importa al Señor de nosotros. Uno puede en la vida tener éxitos o fracasos, cosechar aplausos o abucheos, pero la pregunta que más debe importarnos es la que nos hace Jesús —«¿de verdad te importo, me quieres, significo algo para ti?»—, y que podamos responder a esa pregunta como san Pedro. Este es el asunto que más importancia tendrá al final de nuestra vida. No te angusties si has hecho muchas cosas mal, si hasta ahora no fuiste muy religioso o si crees que mucha gente te saca mucha distancia en esta carrera para llegar al cielo. Simplemente, ponte manos a la obra para poder decirle a Jesucristo cuando todo esto termine: «Aunque Tú lo sabes todo, sabes que te quiero...».